欲ばりなほどぜんぶ叶う

2億円稼いでわかった、人生を最高に輝かせる方法

♥

岩科 茜

AKANE IWASHINA

ダイヤモンド社

はじめに❤
夢や目標に向かって行動できていますか？

はじめまして。岩科茜と言います。

私は、今、静岡を拠点に、都内を往復しながらアパレルブランド「Ｍｙｕ」のオーナーとして、**婦人服&キッズ服**を販売するインターネット通販を仕事にしています。

起業当初は、商品の仕入れとその販売からスタートしましたが、売上規模が大きくなり**起業6年目**で、思い切って、株式会社Mchic（エムシック）という会社を立ち上げました。現在はスタッフ合わせて7名の会社となり、私がデザインしたオリジナル商品の企画から、ファッション誌「GINGER」とコラボレーション商品

の企画まで手がけ、年商は2億円を突破できました。
通勤は私もスタッフもありません。全員、リモートワーク（在宅勤務）。私だけではなく、スタッフも自由に働けるようになっています。**自宅の横に事務所兼倉庫を建ててしまい、私の仕事場は自宅リビングが見渡せる一角のお部屋。**主人と2人の息子と2匹の猫と暮らしながら、**「育児も家事も仕事も思いっきり♡」**自由な働き方を実践しています。
最近になり、起業した女性からご相談を受けることも増え、起業を目指す女性たちへのアドバイスやコンサルティング、そしてセミナーをやりはじめました。お会いする方々から悩みを聞かせていただくと、皆さん「将来は、こんなことをやりたい！」「こんな生活ができたらいいな！」といった夢や目標はあるのに、じゃその実現に向けて行動しているかといえば、「まだ、できていない」という人が多いことがわかりました。


たしかに、いざ実現しよう！　と思っても、

「めんどくさいな」

「失敗したら恥ずかしいな」

「自分には才能もないし」

「それができるのは、一部の運がいい人だけ」

「そもそも欲ばってはダメ！」

と考えしまい、結局スタートラインに戻る……。

その気持ちもわかります。

しかし、これって本当にそうなのでしょうか。もしかしたらそう思い込んでいるだけなのではないでしょうか？

誰でも理想のライフスタイルは全部、手に入れられる

8年前までの私は、どこにでもいるような普通の専業主婦でした。

起業するときは、誰から見ても条件が悪い人だったと思います。学歴は高校中退で、経営や会計の知識があるわけでもありません。ＩＴもあまり得意ではありませんでした。

それに浪費家ですから、起業当時は資金はほぼゼロ。

おまけに結婚3年目、長男が2歳で、次男がお腹にいる頃で、自分の時間はほとんどありません。

そんな時期にもかかわらず私は、突然、「カッコいい仕事がしてみたい♡」と、思い立ってしまったのです。それと同時に、

「仕事だけで終わる人生にはしたくない♡」

「育児も家事も手を抜きたくないし、遊ぶ時間だって欲しい♡」

「もっと素敵な家庭にしたい♡」

「いつまでも綺麗にしていたい♡」

「1つも妥協しなくてあきらめなくて、これ、ぜんぶ欲しい!」

となったのです。

初めはお手本もない、教科書もない、本当に荒れ放題の土地をやみくもに耕しているような気の遠くなるような気持ちでしたが、

「自分のやりがいを追求したい!」

「充実した毎日を過ごしたい!」という想いだけは強く持っていました。

自分が描く未来をしっかりと受け止め、それを着実に実行していくことで、「あ!

これで合っていたんだ!」

「よし! この方向で行こう」と、初めて自信がつくようになりました。

当然、最初から自信たっぷりの人なんていません。私もそうでしたから。

この本を通じて私があなたに伝えたいこと。

それは「誰でも、好きなことや得意なことで、空いている時間を使い、誰にも迷惑をかけずに、お金を稼ぎ、理想のライフスタイルを手に入れられる♡」ということです。

ちょっと欲ばりすぎ‼　と思いましたでしょうか？

でも、大丈夫。私が実践して効果があった方法を、本書ではしっかりとお伝えしていきます。

あなたが読み進めるうちに「これって、私にできるかな？」と思うところもあるかもしれません。

私も初めはそうでしたし、この方法を実践して成果をあげた人たちも最初は、「私がそんなことできるのかな？」といった不安や恐れを抱いていたのを知っています。

でも、成功した人や理想を実現させた人は、この方法を１００％実践した人です。

まず一歩を踏み出した人が勝ちなのです。

やるか、やらないかを決めるのはあなた♡

「やるか、やらないか」は、あなたしか決められません。

そして「やろう！」「やってみよう！」と決めた人は、ぜひ、読みながら「私だったら、こうしよう！」「私ならこうできる！」というアイデアをメモしながら読んでみてく

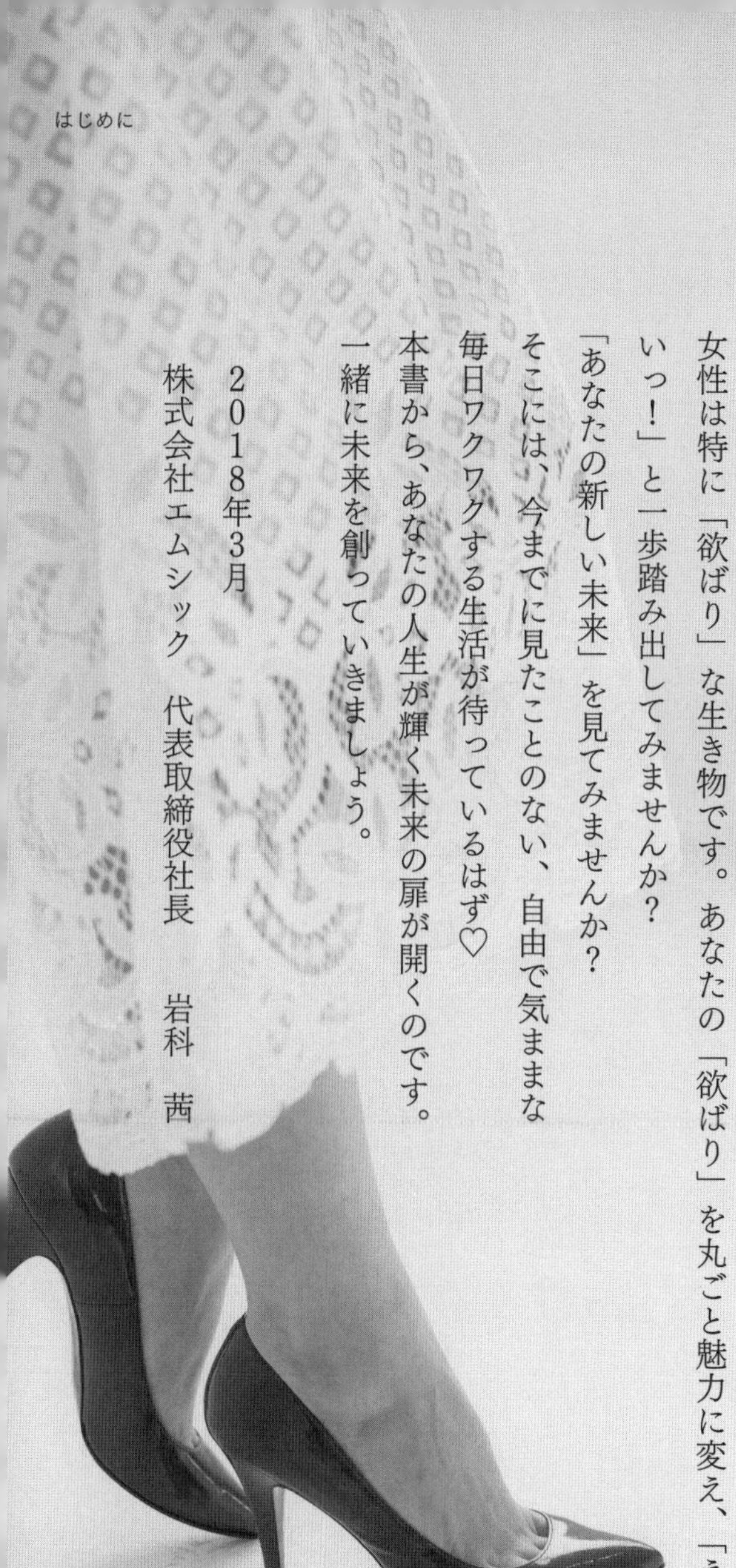

ださい。

きっと、あなたなりのアレンジができるようになります。あなたが活躍する場所で、あなたなりの方法をアレンジできると本物の力になります。

そういったノウハウを豊富に詰め込みました！

女性は特に「欲ばり」な生き物です。あなたの「欲ばり」を丸ごと魅力に変え、「えいっ！」と一歩踏み出してみませんか？

「あなたの新しい未来」を見てみませんか？

そこには、今までに見たことのない、自由で気ままな毎日ワクワクする生活が待っているはず♡

本書から、あなたの人生が輝く未来の扉が開くのです。

一緒に未来を創っていきましょう。

２０１８年3月

株式会社エムシック　代表取締役社長　岩科　茜

講座体験者の喜びの声

月商100万円もいかなかった売上が3倍以上伸びた

知識も何もないままWebショップを始めました。どう売上げを伸ばしたらいいのか、どうお客様に知ってもらえるショップにしていけるのか、何をどうしたらいいのか全く分からないときに、岩科さんのセミナーで学びました。そうしたら売上が、急成長。当時、月商100万円もいかなかったのに、2か月後には300万円を突破し、今も成長し続けています。ショップを立ち上げ当初目標にしていた、2年後の1か月の目標売り上げを7か月で達成できました。本当に感謝しています。

（30代、女性、通販ビジネス経営者）

目標を明確にし、逆算することの大切さを学びました

独立したての頃は、何から手を付けてよいのかさっぱりわからず、遠い未来ばかり見すぎて、成功者を羨んだり、今の自分は何しているんだろう、何のために頑張っているんだろう、自分には無理なのかなと思うこともありました。そんなときに出会ったのが、岩科さんです。彼女のアドバイスで、「他人と比較してもしようがない」「自分はどうしたいのか」「どうやっていけばいいのか」「そのために今何をするべきか」を逆算して考えていき、現在、近い未来、遠い未来の目標を明確にするということの大切さを学びました。そんなアドバイスで肩を押していただき、すごくやる気が出たことを覚えています。諦めずに続けることができ、今の自分があるのだと思います。

（30代、女性、フリーランスライター）

好きなことを仕事にしていいのだとふっきれた

数年前の起業座談会に参加したときに岩科さんに出会いました。どこかで「自分には起業なんてできるはずがない」と思っていました。多分、自分にそう言い訳をして動き出すのが面倒だった部分もあると思います。でも、岩科さんのお話を聞

いて「本当に自分の好きなことを仕事にしていいんだ」と気づきました。また「そのほうがうまく行く、成功する」ということをアドバイスしていただき、起業を決意しました。「子育てで忙しいから」「時間がないから」そういう言い訳をせず、自分の人生を妥協せずスタートラインに立てたことにとても感謝しています。

（20代、女性、ヨガインストラクター）

考え方が変わり、生きるのが楽になった

目標を達成することは苦しいこと、働くことはつまらないこと、という固定観念を持っていましたが、岩科さんと出会いアドバイスを受けたことで、その考え方が大きく変わりました。思い立ったら即行動、相手の良いところにすぐに気付き、すぐに口にすることで相手から褒められることも増えて自信につながることも。楽しいことにどん欲になることで、「これをやったら誰かから妬まれるかな？」「普通はこんなことおかしいかな」の悩みから解放され、人生楽しんだもの勝ちだと思えるようになり、生きるのが楽になりました。

（30代、女性、会社員）

起業してすべてが思い通りに進むようになりました

起業をしてお金からも時間からも自由になりたい。けれど小さい子どももいるし主人も賛成していない……。そんなモンモンとしていたときに岩科さんのブログを知り、まさに私の欲しいものを全て手に入れて活躍しているのを見て驚き、そのノウハウを知りたくてセミナーに参加しました。実際の起業までの流れ、売上の作り方を教えていただいたおかげで、すぐにパートタイムよりも稼ぐことができ、内緒でやっていたことを主人にも告白。結局、主人も喜んでくれました。自分や家族との時間も増えました。次の目標は株式会社設立。もっと頑張ります！

（40代、女性、ネイルサロンオーナー）

CONTENTS

The First Period

1

”欲ばりな私“でもうまくいく♡
理想実現のためのマインドシフト

The Second Period

2 “未来の私”が輝く♡タイムマネジメント

The Third Period

3 “媚びない私”でも愛される♡ひと付き合いのコツ

The Fourth Period

4

〝売れる私〟になる♡セルフプロデュース術

★ The Fifth Period

5

"想いを形にできる私"になる♡ デザイン＆ＳＮＳ戦略

巻末資料

"もっと稼げる私"になる♡売上アップ戦略

1★

The First Period

“欲ばりな私”でもうまくいく♥
理想実現のための
マインドシフト

Lifestyle Technique

「未来の私」に優しくなるのはどれ？

★

The First Period

仕事は好き。でも、仕事だけで人生は終わりたくない。女性はやはり男性よりも欲ばりで、仕事以外に、やりたいことがいっぱいあるものです。

もしかして、あなたもこんなふうに思ったりしていませんか？

・「自分の好き」だけを仕事にできたらいいのに…
・でも、仕事だけの人生は嫌！
・プライベートも思いっきり充実させたい♡
・リッチな生活をしたい♡
・時間にも、お金にも縛られない生活をしたい♡

改めて、このすべてを実現するとなると、「なんと、欲ばりな！」「そんなこと、すべて実現するのは無理！」と心の中で思わずツッコんでしまいそう。

でも、私たちは心のどこかで「こんなこと、叶ったらいいな？」と思っているものです。あなたもそんな1人ではないでしょうか？

よく考えてみてください。そもそも、この世で欲しいものを全部手に入れられるのは、いちばん欲ばりになった人です。

欲ばりになると「傲慢」「わがまま」「自分勝手」という悪い印象を持たれがちです。そんなことから多くの女性は「本当は欲ばりなのに欲ばりじゃない自分を演じている」のではないでしょうか？

そもそも「欲ばり」は、悪いことですか？

欲ばりになるとは、あらゆる寄り道もすべてやり尽くし、それでいて頭に描いた本当に達成したい目標も実現すること。なにも断念しないし、我慢しない。楽しいことを全部やってしまうことだと私は思うのです。

あなたもそんな人生を実現してみたくはないですか？

★夢をかなえる魔法の呪文

でも現実は、身体は1つです。悲しいことに同時に、全く違う2つのことを楽しむことはできません。それにすべてを実現しようとすると無理なことにも手を出してしまい、結局、どれも中途半端になり楽しめていない自分になっているということも……。

私も最初は、そうでした。起業したばかりの頃、お金さえ稼げればすべて自由が得られると思い、「月商1000万円だ！」が目標となり、ビジネスを大きくすることばかり考えていました。

しかし、いつしか人生も、そしてビジネス自体も楽しめていないことに気付いたのです。もともと、私は「欲ばり！」「やりたいがいっぱい」です。いつも自分の欲ばりに振り回されてしまうほど実現したいことがあります。

なので、それをすべて実現し、しかもどれも楽しみながら実現する方法を試行錯誤しながら考えました。

その結果、ある言葉を自分に問いかけることで、自分が叶えたいことをすべて実現できるようになったのです。そんな魔法の呪文みたいな言葉。それは、

「未来の私に優しくなるのは、どれ？」

という言葉です。

「未来の私に優しくなる」とは、「未来の自分がいちばんうれしい！　助かる！　と思うような選択をする」ことです。

1時間後の自分、明日の自分、来月の自分、1年後の自分……様々な未来の自分がいます。それぞれの未来の自分が「どんな自分でありたいか」を考え、その自分になれるような行動を心掛けることで、まず「あのとき、ああしていればよかった〜」を減らすことができるようになります。

たとえば、「あー、なんだかめんどうだな」と思っても、お掃除を先にやる。なぜなら、お掃除を先にやらずに散らかった部屋で過ごしている私は、「理想の未来の私」のイメージから遠ざかってしまうから。

また「まだコタツでゆっくりしたいー」と思っても、仕事を先に片づけるということ。なぜなら、仕事を片づけてしまうことのほうが、「理想の未来の私」に一歩近づける順番だから。

特に自営業や自由業だと結局、だらだらしてしまい、気づけば午後、ようやく焦りだして仕事をしても80%くらいしか終わらず……ということもありがちです。

「今日も残業をしている〝未来の私〟」と、「朝のうちからサクサク〜と終わらせて空いている時間に思いっきり遊ぶという〝未来の私〟」。そのどちらがいいかな？

それを考えてみることが大切なのです。

そう、人生は様々な選択の連続です。遊びたいし、だらだらしたいし、でもやらなくてはいけないことも山ほどある。そんなときこそ、「未来の私はどんな私でいたいのか？」を考え、「未来の自分がうれしい！」と思う選択をするのが「うまくいく欲ばり女子」なのです。

もちろん「今日はすごく疲れているから少し休んでしまおう。そして体調万全で明日からお仕事しよう」という選択もあります。

私の場合、「未来の私」に優しくなるために、こんな質問を自分に投げかけています。


「未来の自分はどんな自分でいたい？」

「それは、遊びばかりしている人間？」

「やること放棄してネイルに行っちゃう人間？」

「それとも仕事ばっかりして、いつもせかせかしている自分？」

どこかしっくりしなくて、どれもいい選択だとも思わないとき結論として、いつも「それって違うよね！」ということで、「遊びも、女であることも、お仕事も、全部バ

ランスよく、かっこよく♡」という私なりの目標を思い出すのです。そして、

「あー、遊びに行きたいけど、それはこのお仕事片づいてから♪」

「ネイル行きたいけど、最近主人と2人の時間を過ごしてないし、それは来週にしよ♪」

「お仕事はたまにはお休みして、明日のランチ会に向けてネイルに行ってこよ♪」

と自分の中で欲ばり度合いや順番をアレンジしていきます。

こうすることで結局、

「うわ〜！　あの仕事昨日のうちに片づけた、私えらい！」

「主人と久しぶりにのんびりできて、リフレッシュできた！」

「久しぶりに会うお友達にネイル褒められちゃった♪」

という、数多くの達成感を味わえることができるようになるので、さらに自分に自信がつくようになるのです。

★未来の自分に優しくなる選択をしましょう

仕事でもそうです。「未来の私に優しくなる」ために、「自分の能力が伸びるかな？」で選んでみるといいでしょう。私もそうやって、学歴なし、コネなし、資金なしからスタートして自分に自信がつくようになりました。

たとえば、私は起業という道を選びましたが、最初に手をつけたのが当時、流行っていたアメーバブログ（通称：アメブロ）というブログの活用です。単に「人気がある」という理由だけで始めました。そこで私が得意だった「ファッション・コーディネート」に注力したのです。まさに、「未来の私に優しくなるための選択」です。

そして自分自身をモデルとし、「今日は息子と公園に行きました！」という感じで「本日のコーディネート」というブログを投稿し続けました。日常風景をストーリーのように紹介し、その中で洋服のコーディネートを紹介するようにしたのです。

次第に、「面白そうだから、私も仲間に入れてくれる？」という感じで、周りから声がかけられるようになっていきました。

今のビジネスで提携しているデザイナーに海外から声をかけてもらえたり、今、私の右腕として働いているスタッフも加わってくれました。

結果として、私と同じ立場の20代~30代くらいのママ向けの服を扱うようになり、オープン初日の売上は30万円強。初年度の売上は300万円でしたが、主婦が1人で立ち上げたビジネスとしては大成功といえますよね。

あなたにとって、「未来の私」に優しくなる選択はどんなことですか?

やりたいことは山ほどある。全部やらなきゃ気が済まない。

だったら「未来の自分に優しくなる」選択をしてみましょう。

ほら、未来のあなたから「うれしい!」「ありがとう!」が聞こえませんか?

Lifestyle Technique

妄想を描き、その枠に自分をはめる♡

★

The **First** Period

ときどき「あ〜、いいな♡」とか、「私もあんな生活をしてみたいな♡」と、憧れる人や素敵に見える人と出会いますよね？　ひょっとしたらテレビや雑誌、あるいは本やセミナーで、そんな人を見つけたりすることがあるかもしれませんよね。

そんなとき、あなたは、

「どうせ、あんな生活はできっこないわ！」

「あんな素敵な人は、きっと特別な人に違いない！」


と、考えたりしていませんか？　実はこれはとても、もったいないことなのです。


そもそも、「こんなライフスタイルは手に入らない」「あの人と私は違う！」と考えていたら、いつまでも前に進めないですよね？

今のライフスタイルに満足できず、自分の理想がわからないのであれば、常に「どれが私の理想なんだろう？」とアンテナを立て、たくさんの情報にふれてみてはいかがでしょうか。より多くの情報にふれることで、「こうすればいいんだ！」という道筋が見えてくるからです。

そして「なりたい自分」になる近道は、「理想の自分ならどんな生活をするのか？」と、あなたが考える理想に自分を当てはめて生活していくことなのです。

こんな「妄想」とも思えることに、「思いもよらない願い」が隠されているのです。そして、この妄想に細かなイメージを加えていくと、「妄想が目標に変わる」のです。

次の2つのことを実践してみましょう。

(1) 理想の生活に近い写真を見つける
(2) 妄想をたくさんの人に言いふらす

★(1)理想の生活に近い写真を見つける

「キレイな自分でいたい！」「セレブな生活がしたい！」「○○さんみたいになりたい！」最初は何でもいいのですが、さらに自分に対して、「どんな格好をしてみたいのか？」とか、「どんな生活がセレブなのか？」と自分に問いかけることで、より具体的になっていきます。

結果、イメージをどんどん膨らませていくのです。なにせ〝妄想〟ですから、あなた1人の心の中だけで完結できます。恥ずかしがる必要はありません。

同時にやって欲しいのが、**「これ、いいな」という気持ちが湧き起こったことは、その日のうちにグーグルで画像を検索して、イメージと合うピッタリの写真を見つけることです。**

「もっと、いいものないかな」「もっと、楽しそうなことないかな」「もっと、可愛いものないかな」……と、**片っ端から「いいな！」と思ったものを感じるままに拾っていきましょう。**

たとえば、お洒落なカフェに行き「わ〜♡　こんな内装のお家に住んでみたい！」と思ったら写真を撮らせてもらいましょう。また、グーグルで似たような写真を探してみるのです。その写真はプリントアウトして壁に貼っておくのもいいし、スマートフォンの待ち受け画像にしてもいいでしょう。

さらにラインやスカイプ、バイバーなどのメッセンジャーアプリを使ってツールの壁紙をその画像に変更し、いつも「憧れ」で充たされている状態にしておきましょう。

ラインなら、

・「将来こんなお家に住みたいという画像」は、家族のトークルーム
・「憧れの人との可愛い画像」は、お友達とのトークルーム
・「将来はこんなおばあちゃんになりたいという画像」は、実家の母とのトークルーム

多くの人は、ツールの壁紙を「思い出の旅行写真」「思い出の瞬間」にしています。それも素敵だと思いますが、「過去の素敵な思い出」にフォーカスするより、「憧れ」で一杯になれば、イメージは頭にインプットされ、それが自分のなかでの日常になっていくのです（32〜33ページ参照）。

次に、あなた自身をその場所に置いてみましょう。「どうすれば実現できるだろうか」と考えず、自分が主人公の物語を作るような気持ちで描いてみてください。

「憧れのイメージに近い写真を見つけよう」

↑次にお家を建てるならこんな家の写真は、家族のトークルームに

↑将来移住したいという場所の写真は主人とのトークルームの背景に

景色

↑「いつか行ってみたい」「移住してみたい」場所の写真

おばあちゃん

↑こんなおばあちゃんになりたい、という写真は、実母とのトークルームに

ファッション

↑バリバリ稼いだらこのバッグを買うんだという写真

★こうなりたいという自分を演じてみよう

ピンタレストは、カテゴリごとに画像をフォルダ分けできるため、私は「未来の自分なりたいリスト」をカテゴリ分けして画像登録しています。

また妄想し始めたとき、どんなことからイメージしていったら正解なのだろう、と思うあなたには、この方法をお勧めします。まず、「行ってみたい場所」からイメージしてみてはいかがでしょうか。

ハワイでも、グランドキャニオンでも、マチュピチュでもいいでしょう。もっと曖昧でも構いません。「海に面した白い家」「森の中のログハウス」「窓の外に夜景が見える一室」でもOKです。**自分のお気に入りの場所が現実にあれば、そこまで出かけてみるものいいでしょう。**

カフェでもいいし、公園でもいいし、海でもいい。私の会社にいる独身社員は、たまに1人で海外に行っては、フラッと帰ってきています。実際に憧れの場所に行けば、「ここでどんなことをしていれば、いちばん格好いいんだろう」と、妄想以上に具体的なプランが出てくるかもしれません。

「普段着ないけど憧れてしまうようなお洋服」とか、「必要はないけど、いいなあと思うインテリア」など、あえて購入してみるのも、1つの方法でしょう。たとえ購入できるお金の余裕がなかったとしても、お店に行って試着をすることを嫌がるお店はありません。このようにあなたのイメージを体感で作り上げてくのです。

大切なのは、「こうなりたいという自分を演じてみる」ことなのです。

これが自分を主人公とした物語の作り方です。

★(2)妄想をたくさんの人に言いふらす

多くの人は、やりたいことや願望を頭の中に閉まっているだけではないでしょうか？　でも、それを口にしてしまえば、「目標」として頭にインプットされますし、協力者も表れてきます。

恥ずかしがらずに女子会トーク気分で大いに話してしまえばいいのです。たとえば、こんなことを意識してみましょう。

「そこで自分は何をしているのか？」
「どんな気持ちでいるのか？」
「どんな生活をしているのか？」

いかがでしょうか？　徐々にイメージができ上がってきますよね。すると「憧れの世界」の中に、自分をはめ込みやすくなります。つまり、「自分には不可能で遠い世界のこと」から、「いつか実現できること♡」へ、変わってくるようになります。

最初はうまくいかないかもしれません。でも大丈夫。トレーニングだと思いながらやってみましょう。

「こんなのダメだな〜」とか言い訳の言葉が出てきたときは、「成功している人を意識しすぎないこと」です。そんなときは、成功している人のキラキラと輝いている部分だけでなく、下積み時代の苦労している部分にも目を向けてみましょう。意外と、あなたに近い部分があるものです。

ぜひ、試してみてください。

Lifestyle Technique

「どっちがより楽しいか？」で考えればうまくいく♡

★

The **First** Period

ここ最近、個人コンサルティングのクライアントさんから、よくこんな相談を受けます。

「どうしたら岩科さんのように、〝自分の好きなことだけ〟をして〝楽しく〟生きていけるのですか？」

「やりたいことを仕事にして楽しく生きていくには、どうすればいいのでしょうか？」

そんなとき、私の答えは決まっています。

「想像して、わくわくすることは全部やる♡　どちらのほうを選ぶべきか迷ったときは、真っ先に『どっちがより楽しいか？』で考えてみる」というものです。

起業した当時、私は自分のコーディネートを考えることが好きでした。

さらに、息子のお洋服を考えることも大好きでした。そこで自分のお店を立ち上げようとなったとき、「楽しそうだから全部やる！」を実行したのです。最初は、婦人服とキッズ服、両方の販売を始めました。

しかしオープンして間もなく、思った以上に注文が殺到して「仕入れ→撮影→販売→発送」という流れを婦人服とキッズ服の両方でこなすのが難しくなっていきました。サイズ展開が豊富なキッズ服は、予算的にも在庫を揃えるのが厳しいなと思い、いったん中止に。

でも心のどこかに「楽しそう」という気持ちがあり、起業9年目で、当時よりも大規模にキッズ服販売を再スタートすることにしました。同時に起業当時からの夢だったインテリアも始めることができたのです。

「キッズ服楽しそう」「インテリア楽しそう」。

そう思い何でもかんでも同時に始めても「楽しく気ままにビジネスを展開する」という自分なりのポリシーが守れません。

タイミングを見計い、再度チャレンジしてみたら、結局、すべての目標を達成できるということもあるのです。

だからこそ私は「自分が楽しいと思うことだけ」を、仕事にすることができているのです。

★「~すべき」「~しなくては」という思い癖をやめる

「楽しいこと」を選ぶわけですから、あとで「間違ったな」と後悔することもないでしょう。

仮に失敗したとしても、「楽しかったから、まっ、いいか」とか、「学ぶことができたし、次はもっと楽しんで挑戦しよう」という気持ちにもなれます。

楽しいという気持ちはプラスのエネルギーを呼び寄せます。結果、楽しい人が集まり、もっと楽しいことができるようになります。つまり、好循環で仕事は回っていきます。

ところが多くの人は、そんなに思い通りにいくわけがない、とネガティブにとらえがちです。なぜでしょうか？

多くの人は「好き」「得意」より「～すべきこと」を、「楽しい」「やりたい」より、「～しなくてはならないこと」を優先しているからではないでしょうか。

あなたも毎日の生活のなかで、常に「何をしなくてはいけない」をいちばんに考えているのではありませんか？

好きなことをして楽しい人生を歩みたいはずなのに、「～すべき」「～しなくてはいけない」といった義務感で物事を優先していたら、楽しい仕事なんてできるはずがありません。

「すべき」が思い癖になると、「何をしたい」とか、「何が楽しいか」とかが、よくわからなくなってしまいます。

「『したいこと』：『すべきこと』＝8：2の割合」を目指していきましょう。

そして「楽しいこと」「したいこと」に、アンテナを張ってみてください。それだけであなたの人生の流れが「理想の人生」に自然と変わっていくようになるでしょう。ぜひ、これも試してみてくださいね。

Lifestyle Technique

「お部屋作り」は、理想の自分に近づくレッスン♡

★

The **First** Period

ラグジュアリーホテルのラウンジでアフタヌーンティーをしながら写真を撮り、それをSNSにアップする。素敵なレストランでドレスアップしてSNSにアップする。そういうSNSの投稿をよく見かけますよね。

そんな空間に浸る時間は、とても素敵でうっとりするものです。

ドラマの主人公が住んでいる自宅が素敵なように、自宅も素敵に演出してみるのがおすすめです。「場を借りて」演出するのでなく「自分の舞台である自宅」から演出することにより、毎日が理想の自分に近づくレッスンになるのです。

衣食住のライフスタイルのベースである「自宅」。そこを「あなたのお気に入りスペース」に演出してみましょう。

想像してみてください。

「生活感にあふれた全然、理想でないお部屋」と「自分の大好き！　憧れがいっぱい詰まっている素敵なお部屋」。そのどちらにいる方が、より多くのひらめきが生まれるでしょうか？

★自宅を憧れの空間に変える

私が特に、気を付けていることは、生活感のあるものは、とことん収納すること。リモコンが机の上に置きっぱなしだったり、よく使う文房具が出ていたり、書類が冷蔵庫に貼ってあったり、そういったものをすべて排除し「モデルルームみたいなお家」を演出するのです。

それにより「憧れの空間で過している私」になりきれ、今の自分を「理想の自分」へと引っ張り上げていくのです。

そんな生活感のあるものを全部収納するなんて、めんどくさいと思うかもしれません。私も超がつくほどのめんどくさがりですが、意外と簡単にできてしまうのです。

45〜46ページの写真を見ての通り、我が家には、あちこちに箱が置いてあります。ディスプレイするように置かれているので一目では気付かないのですが、この箱の中には生活感のあるものがいっぱい収納されているのです。

たとえば、45ページの写真の猫が乗っている箱の中には「経理関係の書類やハガ

「生活感のあるものは、とことん収納する」

↑書類や手紙やハガキなど生活感満載の品々はお洒落な箱に収納

↑ソファの背面においてあるチェストのところにある箱には、リモコン系を

↑ツリーの下にある箱には、文房具が入っています

↑よく「子供たちのお便り」が貼ってありがちなキッチンですが、この右側の扉の所にプリントが貼り付けてあります

↑私の仕事部屋。書類で埋まってしまいがちなデスク周りは収納の多い家具を左右に配置させることですっきりと

キ」が入っています。

こんなふうにお洒落な箱を使えば生活感満載の空間が、一気に素敵なインテリア空間に変わります。しかも「箱にポンポン入れていくだけ」なので、とても簡単で「どこに収納したのかしら?」という迷いがなくなります。

私のインスタグラムでは、自宅の写真をよくアップしていますが、フォロワーの方から「同じママですが、いつもきれいにしていてすごいですね!」というコメントをいただきます。

我が家には散らかし名人の息子と主人がいますが、彼らでも簡単に収納できる「使いやすく簡単で、生活感の見えないインテリア」はとても心強いアイテムです。

Lifestyle Technique

テーマごとのインテリアで「なりきり度」を上げる♡

The First Period

我が家のキッチンのテーマは、「森の中のナチュラルキッチン」。テーマカラーは「ホワイト×ブルー」。このようにテーマを決めると、空間にストーリー性が生まれ、テーマカラーを決めると一貫性が出て、ぐっと魅力的になります。

しかし、「使いやすさ」は忘れずに。理想の生活環境を維持するためには大事なポイントです。

改めて整理すると、大事なことは、次の3つです。

↑かなりの頻度で使うものを「お洒落小物」に変えてラクチン収納を心掛けています

①テーマに合ったお気に入り小物だけを「見せる収納」に変える。

②テーマカラーは「メイン1色×ポイントカラーは基本1色（多くても2色まで！）」。テーマカラーに沿ったカラーのみを「見せる収納」にする。

③それ以外のものは「見えないよ

うに」収納する。

このポイントを押え演出するだけで、日常が非日常になったような世界観で自宅を演出できちゃいます。

★「理想の空間」はインテリアで決まる

自宅は自分のパワースポットです。

そこが散らかっていたら絶対に理想の自分にはなれっこないのです。

でも、こんな声が聞こえてきそうですね。「そんな時間もないし面倒だし」……。

ラクチン素敵空間を作ってしまいましょう。あなたが「わぁ素敵！」と思うような空間はどこですか？

最初から自宅全部を変えることが難しいと感じるなら、まずは、自分の部屋から変えていくのはどうでしょうか？

「理想の空間」は、自分の部屋にあるインテリアから見直してみましょう。

「なりきり度」を上げていくのです。

いくらリッチで理想的な生活を目指していたとしても、舞台ばかりが理想で、楽屋である自宅や部屋が散らかり放題では、理想から遠ざかってしまいます。

どうせやるならとことん。

小さい頃のお姫様ごっこの延長でもいいかもしれません。

そうすることで人前に出たときだけの演出ではなく、いつしか、演出そのものが「本当の私」になっている自分を実感していくでしょう。

Lifestyle Technique

ご褒美とセットで、スルっと目標実現♡

The First Period

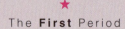

年商1億円……起業当時、漠然と考えていた、私の目標でした。

なぜ1億円かと聞かれたら、特にこれといった理由はありません。

ただ、年商1億円を主婦であり、母である私が達成できたとしたら、どんなに衝撃的だろう！　そう想像したら、わくわくしたからです。

どうせやるなら、「常に楽しみながら突き進んでいこう」という気持ちが強く、私が大切にしたことは、「目標とご褒美をセット」にすることです。

ご褒美は、あなたが憧れるライフスタイルに合うものなら何でもいいでしょう。そのご褒美を得ながら、理想を現実に変えていくのです。

とにかく、「わくわくする」ということが肝心です。

★わくわくする目標やゴールをイメージする

憧れるライフスタイルでも、自分像でもいいでしょう。とにかくそれをイメージできると、「早く到達したい！」と心が躍るようになります。

さらに「細かな目標」を設定するというのも大切です。具体的には、「1年の目標」

「わくわくすると早く実現したくなる」

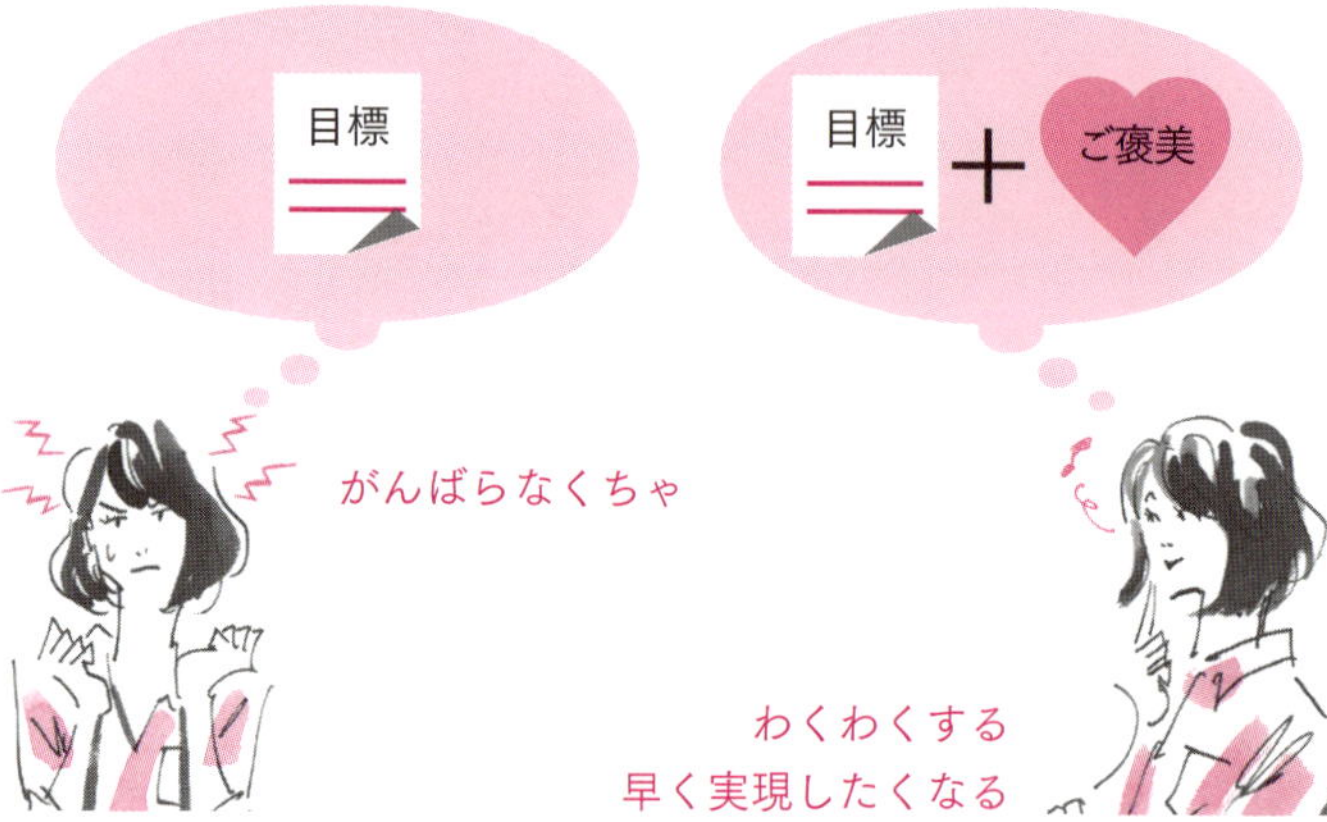

とか、「1か月の目標」とかを決めるのです。それを決めたら、手帳に記入したり、紙に書いたものを壁などに貼っておくと効果的です。そして「目標設定をし、達成したごとに自分にご褒美をあげる♡」のです。

私の手帳の一部をお見せしましょう。55ページの写真を見てください。

・月初めには★で月の「大きな目標」を書き入れます(写真①の箇所)。

・週の右端の列には♡で週のプチ目標や自分へのご褒美を書くようにしています(写真の②の箇所)。

「これが私の1か月のスケジュール」

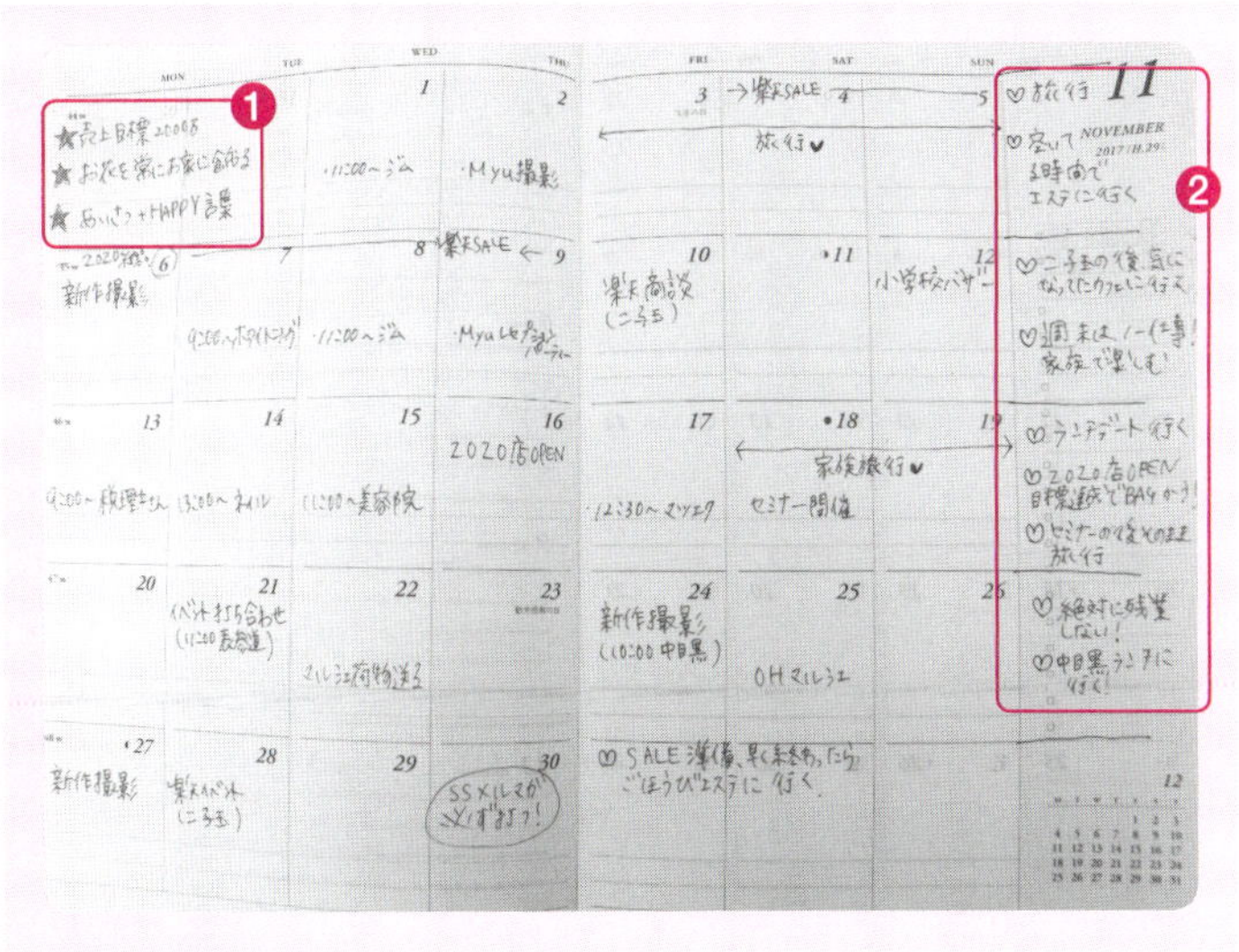

私の場合、❶の所には、月ごとのの「大きな目標」を書き込みます。
❷の所には、その週のプチ目標とご褒美を書くようにしています

このようにご褒美まで決めておくと、毎日手帳を見るたびにわくわくして、「よし、がんばろう！」という気持ちになります。

目標達成というとストイックな気持ちになりますが、ご褒美があることで、楽しみながら次のステージへ進みたくなります。

Ｍｙｕのスタッフも同じことを実践し、「目標」と「ご褒美」を付せんに書いて、それをパソコンに貼り付けていました。

彼女の目標は「1日1単語、英語を覚える」だったのですが、それを3か月連続で達成して海外旅行に行きました。

さあ、あなたの「目標」は何ですか？

「ご褒美」もちゃんと設定して、達成していくプロセスを楽しんでしまいましょう！

2★

The **Second** Period

“未来の私”が輝く♥
タイムマネジメント

Time Management Technique

まずは「やりたいこと」をスケジュールに組み込む♡

★

The Second Period

より具体的に、理想や目標を実現するためのスケジュールの組み方についてお伝えしていきます。

さて、ここで考えてみましょう。

あなたは「1人で旅行に行きたいな」と思っているとしましょう。たまには、のんびり一人旅に行きたい。でも、毎日忙しくて諦めてしまい、つい先延ばしにしてしまいます。

この繰り返しでは、いつまでたっても一人旅に行くことはできないでしょう。

「仕事が忙しいからムリだなあ」
「専業主婦の私が旅行に行っちゃったら、誰が家事をして、子どもの面倒を見るのよ」

しかし、このような「予定の先延ばし」が多いと、いつまで経っても「やりたいこと」は実現できません。

どうすれば実現できるかといえば、その方法は意外と簡単です。

まず「絶対に旅行に行く」と決断すること。あらかじめ「○日〜○日は旅行」と、スケジュール帳に書き込むのです。

先延ばし癖がある人は、こういうことができていません。そして、すかさず次にこのスケジュールに合わせて、「その前にやらなければならないこと」をやることリストにして書いていきます。たとえば、

・仕事を片づけてしまう
・家族を説得する
・お金を貯める

というように、リストアップしてみるのです。

オフィスで働いている方であれば、今の仕事をどう片づけるか？　いつ上司を説得し、いつ有休届を出したらいいか？　上司を説得するために、仕事の目安を報告するのはいつ頃か？　それまでに「この旅行は、あくまで自分の仕事に活力を与えるものだ」という説得材料を集められないか……、というようにです。

家族がいる方なら、夫や子どものスケジュール、あるいは実家や友達の家など、子どもを遊びに行かせるところのスケジュール。自分がいなくても数日の家事が間に合うには、何を準備し、どんなダンドリを皆に説明すればいいか……。事前にこなさないといけないことを考えておくのです。そして、

★スケジュールを手帳に書き込む↓ゴールを決めてしまう
★その前にやらなければいけないことを書く↓スタートする

ということなのです。

「やっぱり、や〜めた」と「先延ばし癖」がある人は、これが徹底されていないのです。そもそも、「やりたいこと」を放置・放棄する癖があると、いつまで経っても「なりたい自分」になることができません。長年染み付いた「先延ばし癖」を変えていくには、まずは手帳とかオンラインスケジュール帳に「やりたいこと」を書き込んでいきましょう。

★楽しいことを予定に入れてしまえば、能率も上がる

選ぶ基準は、何度も繰り返しますが、「未来の私に優しい選択はどれか？」です。理想の未来の自分に近づく予定を優先するだけです。

もし、あなたが「行きたい！」という気持ちが湧くなら、まずその予定からクリアして行くのが、「やりたいこと」をすべて実現するためのコツとも言えます。

私は、１日のスケジュールを考えるときにも、「今日は、エステに行きたいなぁ」と思ったら、「午後の予定はエステ」と、先にスケジュールに組み込んでしまうのです。

「ウキウキすること」から先に予定を組めば、思ったより早く仕事が片づいた経験は、皆さんにもありますよね？

あなた自身のモチベーションを上げるものは、何でしょうか。

「先にやりたいことをスケジュールに組み込む」のは、ダラダラ時間を減らす特効薬です。ちなみに、私のある日のタイムスケジュールはこんな感じです。

ある日の
タイムスケジュール

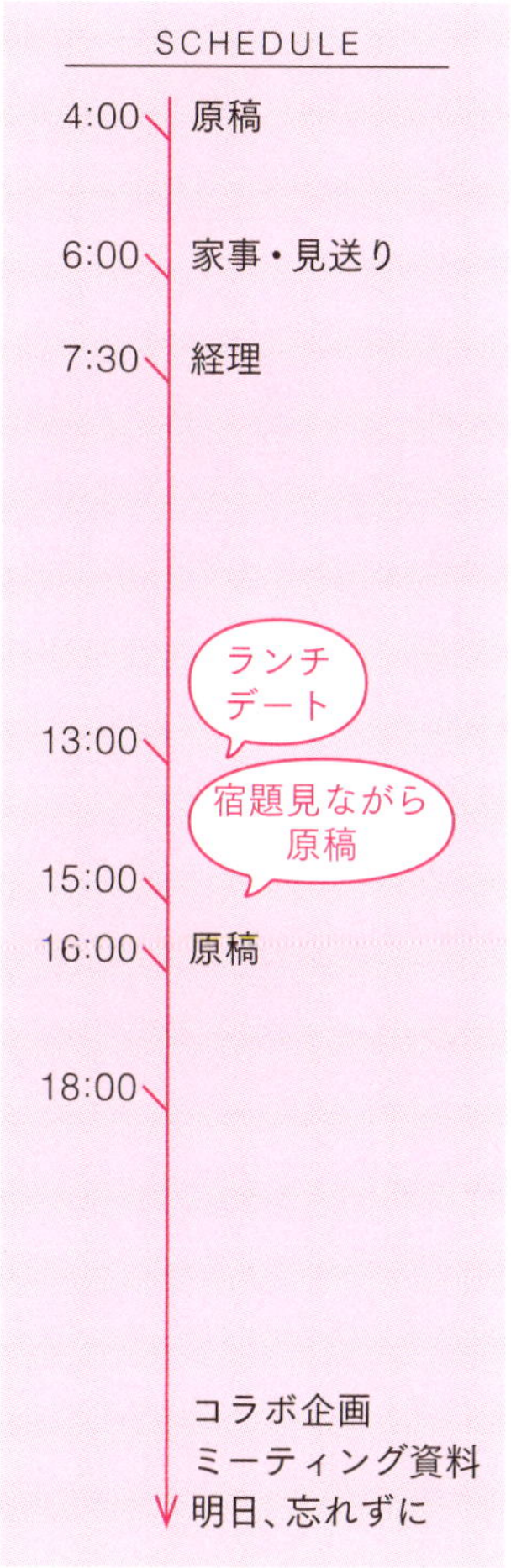

先に「ランチデート」などのお楽しみを書いてから、その日のやることリストを書き込みます。

やることや移動が多い日は、64ページのようにもっと時間を区切ってこんなふうに組み込みます。このスケジュール表にはＴｏＤｏリストも書き込んでいます。そして、終わったら必ずチェックを入れて達成感を味わいます！

終わったタスクは
必ずチェックを入れて
モチベーションアップ！

SCHEDULE

- 4:00 ☑インスタグラム リリースブログ
- 6:30 学校準備、朝ごはん
- 7:20 物撮り ☑新商品アップ
- 7:45
- 8:45 支度
- 9:38 出発 ☑新作アップ
- 10:33 新幹線移動
- 11:00 表参道ミーティング ☑新作アップ
- 12:00 ホワイトニング
- 13:00 商談
- 15:30 エステ
- 17:00 ディナー
- 18:00

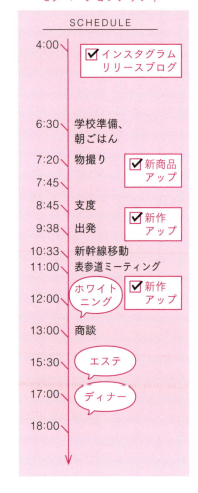

Time Management Technique

誰にも邪魔されない自分だけの時間を作る♡

★

The **Second** Period

私の会社には、明確な始業時間がありません。そもそも在宅勤務が基本ですから、スカイプでの「おはよう」がタイムカード代わりです。

ただ、そうはいっても普通の会社と同じように、だいたい6時間程度は働くように各自で管理しています。私の場合は、だいたい早朝に起きて「今日、やりたいこと」をリストアップして、1日の配分を大まかに設定してしまうのです。

以下に並んだ月〜金の図は、私の1週間の時間表です。

月曜日

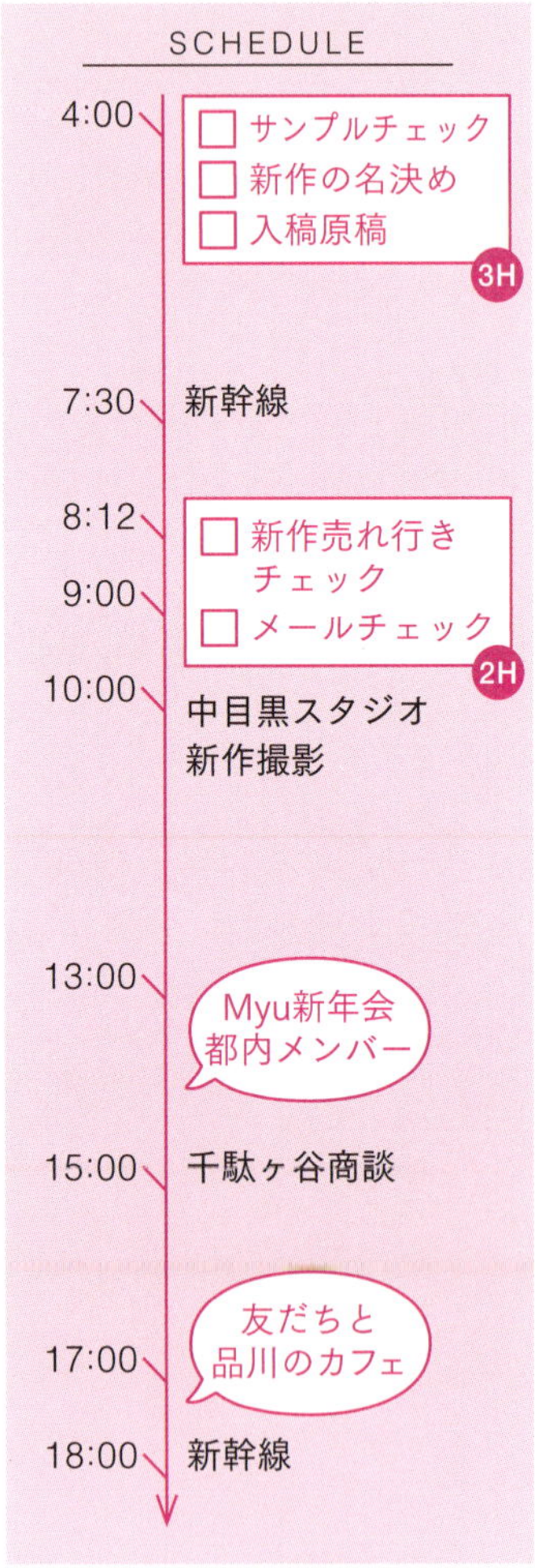

水曜日

SCHEDULE

- 4:00
  - □ 春物企画まとめ
  - □ 経理書類まとめ
  - 2H
- 6:00 家事、お見送り
- 7:30
  - □ セールページ作成
  - □ 原稿チェック
  - 5.5H
- 13:00 ネイルサロン
- 15:00 宿題見る、家事
- 17:00 仕事OFF❤

火曜日

SCHEDULE

- 3:00
  - □ 昨日撮影分画像チェック
  - □ Webデザイナーに依頼内容まとめ
  - 3H
- 6:00 家事、お見送り
- 7:30
  - □ 楽天セール内容についてスカイプミーティング
  - □ セール企画構成
  - 3H
- 10:30 Myuスタッフ（静岡）メンバーランチ会
- 15:00 宿題見る、家事
  - □ メールチェック
  - □ 新作アップ
- 17:00 仕事OFF❤

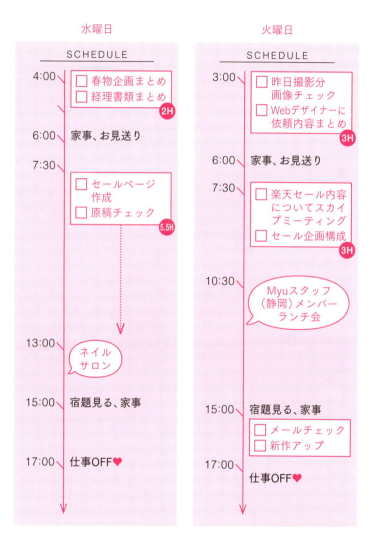

金曜日

SCHEDULE

- 4:00 □ セールページ最終チェック □ 在庫チェック 2H
- 6:00 家事、お見送り
- 7:30 □ zozo店販売計画作成
- 8:12 □ デザイナーさんとミーティング
- 9:00 4H
- 10:00
- 11:30 □ その前に
- 10:00 カフェで原稿 1H
- 13:00 起業コンサルアドバイス
- 15:00

家族でディナーへ

木曜日

SCHEDULE

- □ 来月の販売計画作成
- 5:00 □ 来月の新作まとめる
- 6:00 1H
家事、お見送り
- 7:30 □ サンプルチェック
- 10:00 □ スタッフ全員でスカイプミーティング
- 12:30 5H
- 13:00 ランチデート
- 15:00 宿題見る、家事

□ 空いている時間で楽天担当者とセール打ち合わせ 1H

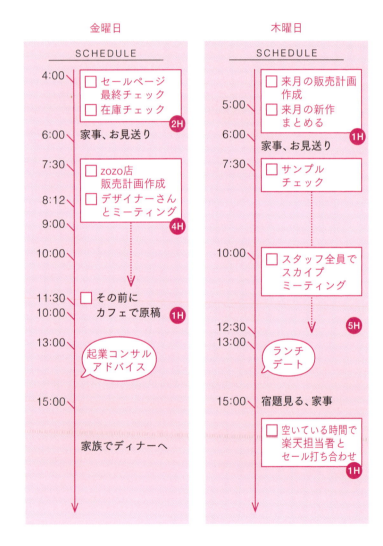

図を見ておわかりのように、私は典型的な朝型人間です。

早ければ、だいたい午前3時〜4時くらいに起きて仕事をしています。

夫も子どもも「6時45分にリビングに集合!」と決まっているのですが、私は朝食の準備を合わせても、それまでに3時間は仕事をしてしまうことが多いです。

子どもたちも早起きで、放っておいても5時には起きています。

朝食を食べて7時30分には学校へ行きますが、私はその後、家事を済ませても9時から再び仕事を始められ、12時までの3時間で、6時間の就業時間を達成できるのです。

こうすると、「あとは遊ぶだけ!」ってことになりませんか♡

★朝時間をうまく使って仕事と家事を両立

もちろん、もっと忙しい日もあります。いつも都合よく進むわけではありません。

だいたい午後3時には子どもが帰ってくるので、どこかへ遊びに行くことがあっても、それまでには家に帰らなければならなかったり、午後3時から6時までは、家事をしながらの仕事となることも多いです。

必要があれば倉庫を兼ねた隣の社屋にも顔を出します。特に金曜日は、メーカーさんとのやりとりで忙殺されたりもします。

それでも、夕方の6時以降は、ほとんど仕事をすることはありません。夕方以降は私にとって家族団らんの大切な時間なのです♡

もしやり残した仕事があれば、「明日の朝は何時に起きて仕事をしよう！」と決めて、早めに就寝するわけです。

このように、ノー残業で仕事と家事と遊びを両立できるのは、私の場合、何といっても朝時間をうまく活用しているからにほかなりません。

外からの電話もなければ、家族もまだ寝ている……。余計な連絡事項に振り回されないので、仕事に集中できます。

私は朝時間に、まず「今日の楽しみ」を決めて、わくわくした気持ちで、企画を練ったり、社員に指示のメールを送ったり、ブログの原稿を書いたりしています。

こんなアドバイスを見て「え、そんなに早く起きないといけないの？」と思われた方もいらっしゃるでしょう。

それに「朝が苦手」という方もいらっしゃるでしょう。そうでしたら、昼間でも、夜でもいいのです。

要は、誰からも「邪魔されない時間」をきちんと作り、その時間内で必要なことをやることが大事だということです。

やりたいことが一杯ある欲ばりな人こそ、集中的に取り組む時間を作り、欲ばりライフを楽しんで欲しいと思います。

Time Management Technique

仕事時間に楽しいことをプラスする♡

★

The **Second** Period

「やりたいことはたくさんある……」

「でも、毎日、時間がない！」


そんなふうに悩んでいらっしゃる方は、多いのではないでしょうか。

私も、起業したばかりの頃は、仕事に追われるような日々を過ごしていたのを覚えています。ですが、私のポリシーは変わらず、**仕事をしている時間もできるだけ楽しくして、頑張らなくてもわくわく楽しめるように♡というものでした。**


仕事というのは、長時間やればいい成果が出るわけではありません。

以前の私は、「今日も徹夜だった」「今日は3時間しか寝てない」なんて長い時間仕事をする時期もありました。

でも、自分の仕事を振り返ったときに「自分の時給っていくらになるんだろう？」と計算してみて、その安さにびっくりしたのです。自分の働き方次第で時間をコントロールできるのが起業家ですから「いかに効率よく働くか」ということに注力してみたのです。たとえ単純な事務作業であっても、集中していれば、短い時間でたくさんのことができる。

逆に、ダラダラとやっていれば、夜遅くまで残業をしたとしても、あまり能率は上がらない。当然のことですよね。

★〝わくわく〟で仕事環境を満たす

では、どうすれば集中力が上がるかといえば、「頑張らなきゃ！」と気負っても逆効果だったりします。そこで「今日の楽しみ」「1週間の楽しみ」を決めるのは、そのための手段の1つだったのです。目の前に自分のエサをぶらさげて、欲でつるようなやり方ですね。

しかし、それがいつも効果的とはかぎりません。ご褒美も大事だけどやはりお仕事自体も楽しくすることが大切です。

そこで私は「今、仕事をしているその時間」そのものを、楽しいものにする工夫もプラスしています。

たとえば、私はコーヒーが大好き。そこでお仕事をする際には、お気に入りのコーヒーを用意します。それをお気に入りのマグカップで飲み、同時に大好きなアロマを焚いて、素敵な香りで満ち溢れた状態にする。周囲を見渡せば、私の自宅オフィスにはお気に入りのインテリアがあり、たくさんの〝大好きなもの〟に囲まれているわけです。そんな環境であれば、憂鬱な気分で仕事をすることがなくなります。

こうした工夫は人それぞれ、さまざまなやり方があるでしょう。音楽をかけてみたり、好きな風景のポスターを貼ったり、場合によってはノートパソコンを持ってカフェや公園でノマドワークをしてみたり……。

もちろん会社で仕事をしている場合、好き勝手にオフィス環境をアレンジすることは難しいかもしれません。でも机周りに小物を置いたり、デスクトップに好きな画像を貼るくらいなら、上司にだって文句を言われませんよね。パソコンの壁紙やスマートフォンの待ち受け画面にお気に入り写真を入れておき、〝気がつけば理想にある状態〟にしておくと、仕事へのモチベーションは上がっていきます。

「こんな家に住んでみたい！」とか、「こんな車に乗ってみたい」とか、「こんなアクセサリーを身につけてみたい」とか。

前述しましたが、私は「こんなお婆ちゃんになれたらな」と思って、80代のファンキーな外国人のモデルさんの写真も保存していますが、そんな〝わくわく〟で仕事環境を満たすことはとても効果があります。あなたの仕事空間は「未来のあなたを作る場」です。

お気に入りに囲まれて「憧れの環境でデキる私」を演出して、お仕事をしてみましょう♡

Time Management Technique

「任せ上手」で得意が育つ♡

★

The **Second** Period

「時間がない」と言っている方に多いのは、真面目であらゆることを自分で背負いこむということ。自分の仕事をやらなければいけない。同僚にも気を遣わなければいけない。後輩や部下の面倒も見ないと。旦那や彼氏のこと、それに子どものことも……。

それでいて、ダイエットに、料理の勉強に、自己啓発に、人脈づくりに……と。

もちろん、楽しくてやっている分には、精神的な負担にはならないでしょう。

でも、「辛いなあ」と思っていることが1つあると、そのたった1つのことで他のことも滞り、結局、あらゆることが嫌になってしまうものです。

そうならないために、「自分にできないことは、誰かに任せる」ということを心掛けることです。

ただ、誰かに任せるといっても、お金が必要なときもあるでしょう。そんなとき、「人に任せる基準」は、どうしたらいいのでしょうか。私のやり方をご紹介します。

まず、自分の時給換算を考えてみましょう。その「時給」でどう自分が仕事するのか。そして人に任せたことによって、払わなければいけない時給で自分が他のことで稼げると考えたら、人を雇いましょう。

私はお金や経理に関しては、全く才能がありません。だからこそ、この基準をいつも守るようにしてきました。

起業当時に月商200万~250万円を行き来していた頃の話です。

新しいプロジェクトを立ち上げることになりましたが、何しろ子育ても真っ最中。仕事と子育ての両立で睡眠時間もどんどん削られ、何日も休めない日々が続きました。ある晴れた休日、とてもお天気がよくて、息子たちや主人と一緒にピクニックに行って楽しい休日を過ごせるはずなのに、休めない……。そして、「何これ、もうヤダ!」となり人を雇う決心をしたのです。

★経費の中でいちばん高いのは人件費

まず、月にいくらまでなら払えるかをざっくり計算しました。計算すると、私が当時「このくらいだったら払えるな」と思った金額は10万円。

時給1000円で割ると100時間。週4日勤務だとして6時間半くらいでしょうか。そして「この1日6時間、時給1000円、月10万円」で人を雇い、その時間と労力で月10万円以上の利益を私が出せるかどうかを考えたのです。

月10万円の利益なので当時は売り上げにして、だいたい月25万円ほど上がればＯＫでした。そして、このように計算してみました。

「じゃあ、あのキャンペーンもやってみようかな」「この企画もできるんじゃない？」「今より新商品が多く出せるから、お客様も来てくれる！」と考え、実行に移したのです。

１人雇い入れた結果、月10万円の給料で、売上は25万円アップが目標でしたが、それ以上の売り上げをすぐに達成。私もきちんとお休みを取ることができ、もとの「楽しく稼ぐ」というスタンスに戻ることができました。

この基準は、当然、アウトソーシングするときにも活用できます。私が業務で最初に音を上げたのは「経理」です。家計簿すらつけられないほどの数字オンチ、会計オンチの私が、会社の経理をずっとできるはずがないと思っていました。

最初は、税理士さんを探していたのですがインターネットで調べると、月３万円が主流。月商１００万円の当時、３万円となると10万円弱ほど余分に売らなくてはならず、それは少し大変だなと探したところ、記帳代行というものがあり、それは月３０

「人を採用するときに考えたこと」

月に払える額
10万円

↓

時給1000円で割ると
月／**100**時間

（週／**4**日
（1日／6時間））

↓

この時間を使って、私は
それ（月10万円）以上の利益を出せるか？

そのためには……
自分の「好き」や「得意」で
何ができる？

こんなことをしてみる？

あのキャンペーンをする？

あのイベントしてみる？

YES
- アウトソーシング
- スタッフを増やす

NO
- 月額を減らす？
- 他の方法を考える

00円ほどでお願いできるため早速、依頼したのです。

なぜなら、「お金ができてから……」「いい人が見つかったら……」と、先送りしていると、いつまで経っても「任せ上手」になることはできないからです。

でも、任せ癖が身につくと、自分の「好き」「得意」に集中できます。さらに、任せるときのボーダーライン、金額が明確になるので「そろそろかな……」や「よし、もう1人増やそう」と迷う心配もなくなります。私も会社を立ち上げたばかりの頃は、1人で全部をやろうとして、結果、疲れてしまいました。それでチームを組むことにして、ウェブのことはウェブデザイナーに、印刷物のことはグラフィックデザイナーに、写真のことはカメラマンに……と、どんどん人に任せたからこそ、今は「楽しくできること」に専念できるわけです。

家事や子育ても、仕事を始める前は自分1人で背負い込んでいるところがありました。でも、思い返せば「自分でやらなければ！」と意気込んでいただけで、オフの日に主人に頼めば、意外とやってくれるわけです。家事も育児も仕事も「1人でやる」よりも「共有する楽しさ」が生まれてきます。

★自分の苦手なことは、得意な人に任せる

会社の経理でも、家計のやりくりでも、とにかく私はお金の管理が苦手です。まず計算がダメだし、お金があると使ってしまう。社会人になりたての頃、「もらった給料は、その日に使っちゃわないといけない」と思っていたくらいです（笑い話に聞こえるかもしれませんが、本当の話です）。

だから最初から、手をつけない。これも任せてしまったほうが余計な問題が起こらないし、信頼できる人さえいれば、なんとかなるものです。

知り合いのデザイン会社の女性社長には、「自分はコミュニケーションが下手だから」と、部下の指導を一切、副社長に任せてしまっている方もいます。

それでは社長の面目が保てないのではと思いきや、デザインの能力があるから、ちゃんと部下から尊敬されているので大丈夫とのこと。それで会社が回っていくなら、問題もありませんよね。

もちろん会社勤めをしている方であれば、「自分は苦手だ」という仕事を、上司か

ら押しつけられることもあるでしょう。

でも、黙って「仕方がないから」と引き受けるのではなく、「自分は苦手だから、苦戦するかもしれませんよ」と最初に勇気を出して伝えてはどうでしょう？

そうすれば、「そうなんだ、知らなかった」と別の人に振ってくれるかもしれません。ダメならダメで、うまくいかなかったときの言い訳になります。会社でチームを任されているリーダーの人、あるいは経営者の方であれば、それが得意な部下にどんどん任せてしまえばいいのです。そのほうが部下だって成長しますし、自分も得意なことに専念できるでしょう。

あなたの「苦手でやりたくないこと」は「誰かの得意でやってもいいこと」だったりします。あなたの苦手を得意としてビジネスをしている人はたくさんいます。

「やらなくていいこと」に時間を割くことほど、もったいないことはありません。どんどん人に任せ、早く「任せ上手」な人になりましょう。

Time Management Technique

気分が乗らないときは、とことんサボる♡

★

The **Second** Period

苦手な仕事を人に託したとしても、また自分の好きな仕事に専念したとしても、やはり仕事というのは100％〝楽しいこと〟ばかりではありません。

ときにはモチベーションが上がらず、焦ってしまうこともあるでしょう。

そんなとき、あなたはどう対処するでしょうか？　私なら「とことんやらない」と決め込みます。

どうせ、やる気のないまま仕事をしても、質の良い仕事はできません。

それなら「休むこと」に時間を使ったほうがいい、と思いませんか？

「今日はやめよう！」と決めて、仕事も家事も放棄。社員にそれを宣言し、スマートフォンもパソコンも見ずに、お菓子を沢山買い込んでリビングのソファから一歩も動きません。ただやることといったら、ボーッとテレビを見たり、本を読んだり、猫と遊んだり……。自分でこうやって書いていても、なんてぐうたらな時間なんだろうと思いますが「あえてとことん休む」というのはモチベーションを復活させるキーポイントなのです。モチベーション急降下が重傷なときは、2日間くらい休みをとってしまうこともあります。

でも、さすがに2日間もぐうたらしていると、だんだん飽きてきます。

そうすると、だんだん「仕事をしたいなぁ」「よーし、頑張るぞ！」という気持ちになってきますよね。

★「万年80％」で生きてませんか？

こうしてモチベーションが復活すれば、2日間の休みは、問題とならない程に仕事が快適に進みます。

「それができるのは、岩科さんが社長で、恵まれた家庭環境にあるからでしょう？」

「私の立場では、絶対にムリですよ！」

そう思われるのはわかるし、確かに私は恵まれた人間関係に囲まれています。

でも、本当にムリなのでしょうか？　よく考えてみて欲しいのです。

家事を休ませて♡　でもその代わり、今月のおこずかい少しアップする♪　なんて旦那さんと交渉してみたり、有給をとらせていただく代わりに、今月頑張ります！と上司に交渉してみたり……。いろいろやり方がありますよね。

多くの人は「万年80％」で生きている人が多いように思います。

「嫌だけど80％の熱意で頑張る」「モチベーション上がらないけど、決まりだから80％の力でやる」

あなたも、こんなふうに思ったことはありませんか？　そんなふうにずっと80％で生きていくより、たまには0％になってその後に200％のお仕事をする！

そうすれば、長い目で見たらトータルのパワー量は他人と変わらなくても、よりメリハリと集中力のある〝いい仕事〟ができるのではないでしょうか。

やる気のないときに、無理にやる気を出そうとするから、仕事自体がつまらなくなり、嫌になってしまうのです。

何より**「やる気のない自分」を認め、そんな自分の心を思いっきりお休みさせてあげるような時間を強引にでも作ります。**

やる気がないのは悪いことのように思われがちですが、自分自身が新しい変化を求めているタイミングかもしれません。毎日頑張っている自分の心と身体を思いっきり休ませてあげましょう。

忙しい日常から離れ、心を落ち着かせる時間を設けることが大切です。

3★

The **Third** Period

“媚びない私”でも愛される♥ひと付き合いのコツ

Socializing Technique

告白魔になろう♡

★

The Third Period

あなたは相手の素敵なところに気付いたら、口に出して伝えていますか？

「あなたのここが大好き♡」
「あなたのそういうところ、すごく素敵だよね！」

私は主人や家族、そしてスタッフやお取引先、ときにはレストランやデパートで素敵な対応をしてくださった方にも、どんなところが素敵だったのか、どんなふうにうれしかったか「想いを伝える」ようにしています。

誰だって褒められて嫌な人はいないですよね。

たとえば、私は主人には公私ともに支えてもらっています。ですから、ささいな行動でもすぐに「そういうふうにフォローしてくれるからお仕事もお家のことも楽しくできるの！」とか、「私がお洗濯を干すとおおざっぱだけど、あなただと丁寧だからしまうとき、とってもラクチンで助かるわ！」と必ず大げさなくらい褒めてしまうのです。次男の朝の身支度をさりげなくフォローしていた長男には、「すっごく優しいね！　あなたのそういうところ、すごく尊敬する！」と。それに対しお礼をきちんといえる次男には、「いつでもありがとうをしっかり言えるのって、かっこいいね！」と。

また、素敵な接客をしてくださった店員さんには、「おかげでとても楽しい買い物になりました！　あとネイルがとってもかわいいですね！」と伝えるときもあります。ただし、決してお世辞や嘘ではないことが肝心です。

このように「告白癖」がつくと、自然と「その人の良いところ」にフォーカスできるようになります。

また、いつも告白している相手から、自分でも気付かなかった自分の魅力や良いところを告白し返してくれたりすることもあるかもしれません。

いつも周りにいてくれる大切な人とは、そんなほっこりするような関係を築きたいものです。普段から、大切な人にきちんと気持ちを伝えられていますか？

まずは「相手の良いところ」にフォーカスすることからはじめてみてください。

「相手の良いところを見つけて伝える、褒める」

本人が気付いていない、
気付きにくい良いところは……

本人が気付いていない、気付きにくいところを見つけて
褒めると相手もうれしい。
相手からも褒めてもらえ、自分の良いところを再発見できる

Socializing Technique

猫を見習い、彼を「最高の仲間」に♡

★

The **Third** Period

こんな声をよく耳にしませんか？

「うちの主人は給料も低いし、何もしてくれない！」

「旦那は、自分は何もしないで、何かしてもらおうとするばかり」

ひょっとして、あなたがこんな愚痴を言っている人でしょうか。

それならなぜ今のパートナーと一緒になったのでしょうか？

私ならこう考えます。

●「うちの主人は給料も低いし、何もしてくれない！」
↓自分も働けばいいだけ。夫が何かしてくれるように、最初に夫と一緒になり、夫に「楽しい」と思わせればいいだけ。もし一緒に生きていくのが嫌だったら、離婚すればいいだけ。

●「旦那は、自分は何もしないで、何かしてもらおうとするばかり」
↓夫に不満があるのなら、まずは自分から歩み寄ってみる。

つまり、私が大切にしていることは「相手を信頼すること」「頼らないこと」なのです。

これは夫婦関係のことだけではなく、「個人対個人」の関係すべてにおいて大切にしていることです。

特に、カップルや夫婦でお互いにやってもらうことが多いと関係がギクシャクしていきます。相手に依存していいことはありません。

だから、お互いが最も信頼できる「戦友」としてとらえることが、いいのではないでしょうか。

では、夫を「最高の仲間（戦友）」「協力者」に変えていった私なりの方法をここでご紹介しましょう。まず、こんな順番で、夫を味方に変えていくことができました。

夢物語を聞かせ、それに出演させてあげる。

↓

私の夢が叶ったら、あなたも楽しいよ（お得だよ）ということを教える。

←
夢を叶えるため頑張っている時期は、無理してでも家事育児を完璧にする。
←
「お、できるじゃん」と思わせ、少し利益の出てきたところで、旅行に行ったり、欲しいものを買ってあげたりしていい思いをさせる。
←
「忙しそうだから家事とか手伝おうか？」と言わせる。もしくは言うまで待つ。
←
手伝ってもらったら、めっちゃくちゃ喜ぶ。そして褒める。私より上手ねって伝える。
←
私の夢にどんどん参加してもらう。私の夢に主人の夢もプラスしてあげる。

いかがでしょうか。
毎日顔を合わせるパートナーだからこそ、気遣う気持ちを忘れず、ときにはサプライズを用意して、いつまでも新鮮な関係を築くように努めることが大切です。

これを私なりに表現したのが「猫を見習う」ということです。

猫は基本、何でも自分でできてしまう。自立心にあふれていて、ツンツンしているのに甘えたいときだけ、デレーっと寄ってくる。

だから、ついつい夢中になってしまうのかもしれません。

そんな猫みたいな女子になると、最強だと思いませんか。きっといい関係が続くと思いませんか？

彼氏や夫との関係で悩んでいるなら「猫」を見習ってみましょう。

Socializing Technique

失敗は成長のチャンス♡学び上手になろう

★

The **Third** Period

失敗はできればしたくないものですが、失敗しなければいいというものでもありません。

逆に、失敗をしないで成功して、どんどんビジネス規模が大きくなると、初めて失敗したときに取り返しのつかないことになることもあります。できるだけ早く小さな失敗を重ねておくことは、あなたにとっていいことなのです。

そんな私も、起業してからこれまでに、数多くの失敗を積み重ねてきました。

極めつけの、大きな失敗というのがあります。

それは、〝商品の仕入れ過ぎ〟つまり過剰在庫という失敗でした。

完全に数字が苦手だったことからきた失敗です。

売上に対する在庫数のイメージがつかめず、大量の商品を抱え込むことになってしまったのです。

お陰で仕入れの支払いはもちろん、倉庫会社に多額の管理費を払うことになり、売上は上がってはいたのですが、利益が出ません。

「いよいよ、ヤバイぞ！」という事態となりました。もはや会社を救うには、断固とした決断をするしかない!!　当時の社員といえば、現在、私の右腕になってくれている社員がいるのみ。

もともと「いつか起業してみたい」と入社した彼女だったので、これを機に独立してもらおう……と考えました。その日、私は、泣きながら彼女に電話したのです。

「もうこういう状況だから、申し訳ないんだけど、辞めてもらってもいい？」

すると彼女は、こう言ってくれたのです。

「あなたといると面白いし、この仕事に賭けているところもあるの。お給料はしばらくいらないから、もう少し一緒に頑張ろう？」

私は、その言葉にとても感動し、このピンチを抜け出すために動き出そうと決めました。

その後、すぐに無理を言って倉庫の契約を解除。

とりあえず自宅で子ども部屋にする予定だった十二畳の部屋に2人で全部の商品を強引に詰め込んだのです。注文があれば、自分たちが手作業で発送するようにしました。

それからショッピングサイト上に、余った商品の特設ページを作り、一生懸命に魅力的な宣伝告知を始めました。

お陰さまで注文も殺到し、なんとか商品を売り切ることができました。結局は大きな利益を得て、社員への給料も再び出せるようになったわけです。

相変わらず数字は苦手！

けれどもこの失敗があったからこそ、私は「利益」を意識して仕事をするようになりました。

おかげで計算ができなくても、赤字になるようなことは、それ以後はありません。

何よりも、右腕のスタッフへの信頼が、この事件を経て高まったのです。だから今振り返ると、本当にうれしい失敗体験だと思います。

★失敗を学びに変える思考法

失敗は新たな学びを得られ、新しい人間関係を手にするイベントです。

もし失敗したときは落ち込むのではなく、こう考えてみてはどうでしょうか？

「これは何を学ぶチャンスなのか？」

「この失敗の原因は何か？」

「どう対応すれば好転するか？」

この質問の答えを行動に移せば必ず、失敗前よりも成長した自分になれるのです。

1つ上のステージへ行けるのです。

そう「失敗は成長のチャンス」なのです♡

Socializing Technique

SNSは人間関係を素敵に変える魔法のツール♡

The Third Period

今流行りのSNSだけでも、次のようなものがあります。

・ブログ
・フェイスブック
・インスタグラム
・ライン
・ツイッター

SNSに登録している人は多いですが、実際に使いこなしている人は思いのほか少ないようです。

新しいSNSが登場したら手当たり次第に登録。結局、アプリが増えただけで面倒になって投稿が滞ったり、アプリを開くのもご無沙汰してしまったり……。

特に会社員の方だと、「毎日何を投稿したらいいんだろう」と思い、ついつい億劫になっていきますよね？

でも、SNSは、あなたの近くでは出会えない人を引き寄せる、強力な磁力となるツールです。よく言われるように、チャンスや運は人に乗ってやってきます。だから、人との出会いは大事なのです。

★SNSは出会いを格段に広げてくれる魔法のツール

私の今に至る自由な人生は、もともとは「ブログ」によって始まりました。

起業前からブログを開設して、毎日のコーディネートや自宅のインテリア、息子のファッションや子育てなどを発信していたのです。

そしてブログでのつながりが、どんどん広がっていきました。

私のブログを熱心に読んでくれていた読者モデルのYさん。

彼女はMyuのお洋服を購入し、彼女のモデル撮影のときに着てくださいました。

それがきっかけで、私のお店はさらに多くの人に知っていただくことができたのです。彼女がブログから私にメッセージを送ってくれたことがきっかけで交流も始まり、彼女が立ち上げたアクセサリーブランドを、当社で販売するようにもなりました。

さらに起業後すぐ、まだまだ規模も大きくないときからママ・ファッション雑誌に数多く掲載されたのも、もともとはブログからのご縁でした。

子育て中のママ（私）が、ネットショップを立ち上げたことが珍しいと、メディアで注目されたからです。

SNSは、あなたの出会いを格段に広げてくれる魔法のツールです。

しかもこの魔法は、うれしいことにほぼ無料です（笑）。

ぜひフルに活用して、あなたなりの新たな出会いを掴むきっかけに変えてくださいね。

Socializing Technique

「笑い上手と褒め上手」で周りを巻き込む♡

The Third Period

それは、18歳で就職した会社でアパレル販売員をやっていたときのことです。

数年後、店長に抜擢され、引き受けた店舗は、おおむね成功へと導くことができました。その秘訣は、スタッフが笑顔で楽しくお客様と接するようになったこと、ただそれだけです。アパレルショップというのは、ただでさえ肉体労働も多く、皆が遊びに出る土日が勝負の仕事です。だからどうしても上司は「人手が足りない」「土日は必ず出なさい」と、長時間労働や休日出勤を、スタッフに押しつけることが多かったりします。私はそうした傾向に、真っ向から反対しました。

スタッフ：「日曜日はどうしても大切な用事で休みたいんですよ」

私：「いいよ、いいよ！」

上司にも「土日でも、全員が出勤する必要はないですよ」と伝え、私が担当したお店では、土日のローテーション休み制度を初めて導入。

有給の消化率も、私のお店でだけ100%。何より店長の私が、率先して有給を使っているくらいでした（笑）。それでも前年比130%とか、150%という売上を出すのですから、会社も文句は言えません。

そのおかげで、職場環境に不満のなくなった社員やアルバイトが、プライベート同様に仕事を楽しみ、お客様に笑顔で接するようになったので、売る側も、買ってくださる側も、両方が楽しく、イキイキして、幸せを感じられるようになり、仕事はどんどんうまくいくようになっていったのです。

また、最近の出来事だと、あるとき販売予想を外してしまい、思った以上に商品が売れなかったとき、私は笑って社員にこう言いました。

「すごい失敗した！　と思ったけど、意外にこんなに売れてたのね！」と。

これを聞いてガックリしていた社員たちも、「社長は能天気ですね！」なんて笑い出して場が一気に和んだり。

さらに誰かがミスをして、しょんぼりとしているときにも、こう言います。

「全然気にしないで！　私なんてもっとひどいミスをしたことがあるんだから！」

「えーっ？」なんて、落ち込んでいた社員も、それで突然、笑顔になったりします。

こんなふうだから、私は人を叱ることを考えたこともないし、怒ることもありません。

★仲間が楽しいと思うことは、何だろう

こんなことをするのも、「社員が楽しければ、私だって楽しい」という発想からです。

そして「楽しい」を提供してくれる人のためには、誰だって「この人のためならもっと頑張っちゃおうかな！」って思っていただけるものなのです。

これは職場の人間関係だけではなく、家族や友人などすべての人間関係に当てはまることです。

あなたの人間関係も色々なチームでできていることでしょう。

家族でのチーム、会社でのチーム、友人関係でのチーム……。

・（そのチームで）皆が望むことは何だろうかと考える
・（そのチームで）皆が楽しいいちばんは何だろうかって考える

あなたが好きなことをやっても、周りが楽しいと思わなければ、嫉妬を受けるだけ。自分だけが楽しくても、周りが楽しくなければ足を引っ張ることも起こりますよね。

逆に、みんなで笑って、楽しくできるなら、基本的には「どんなことでもあり」だとすら考えています。

では、具体的にどうすればいいのか？

まずは「笑い上手と褒め上手」になること。

自分が笑顔になれば、周りの人も笑顔になります。褒めてあげる、あるいは感謝してあげれば、相手は喜んでうれしい気持ちになります。その表情を見れば、自分も楽しくなる。

もしあなたが家族や会社でリーダーではなかったとしても、ぜひ「笑う・褒める」をたくさん発信してみてください。

きっと今よりもっと素敵なチームになるはずです♡

4★

The **Fourth** Period

“売れる私”になる♥
セルフプロデュース術

Self Produce Technique

主役より舞台演出家を目指す♡

The Fourth Period

ここからは、あなた自身、そしてあなたの商品やサービスが「売れるようにするための方法」を、お伝えしていきます。

あなたは、セルフプロデュースと聞いて、どんなことをイメージされるでしょうか？

シンプルな言葉で言うと、「自分を売り込むこと」です。

でも、自分にスポットライトを当て「ね～、見て！　私こんなにすごいのよ！」をやらないといけないようで、「ちょっと、でしゃばりじゃない？」「私には、やっぱりできないわ」と思っている人もいるのではないでしょうか。

実際、多くの人はそんな自分売り路線をとっています。

自分を売り込むのは本当に大変です。それに「売れない」と困ります。

では、どうすればいいのかというと、あなたは「主役」でなく「舞台演出家」になればいいのです。舞台演出家とは、映画やテレビで役者さんの演技や舞台を作るお仕事。どう見せていくのか、どう感動を伝えていくのか、ストーリーを魅力的に伝えるために役者さんにどう演技してもらいたいのか、を考えます。

だから、あなたの役割は、舞台にいる人たちの演出をどう設計していくかを考えればいいだけ。

たとえば今、日本や韓国の大人気の「スタイルナンダ」というブランドがあります。本店は韓国ですが、東京・原宿にも出店しています。店内は、壁紙が一面ピンク。扉を開けば、女子が大好きそうな世界観、「かわいいピンクのホテル」がコンセプト。ビル1棟ごと1～3階までのフロアで構成され、フロアごとに異なるテーマのキュートなインテリアが女心をくすぐります。1～2階は自社ブランド「3CE（スリーシーイー）」の人気コスメが並び、3階では服・アクセサリー・靴を販売。またプールをテーマにしたカフェではSNS映え間違いなしのフォトジェニックなメニューも揃い、屋上のテラスラウンジに持ち込んでひと休みするのにもピッタリ。店内は、まるで自分がその舞台の主人公になったような気分で巡ることができるのです。

このように世界観（コンセプト）を演出して、お客さんが主役となれるような場所に仕立てることで、単に商品を売るだけではなく、その商品に込められた想い、ストーリーそして世界観を、その商品を購入するお客さんと共に分かち合えるようなっていきます。

「ビジネスを知ってもらう前に自分の世界観を知ってもらい、好きになってもらう」というわけです。

ただ、起業スタート時点からスタイルナンダのように「ビル一棟」をセルフプロデュースするなんて絶対に無理。しかし、私がこれからお伝えするセルフプロデュースは、資金がほとんどなくても、視点を少し変えれば、誰でもできてしまう方法です。ですから、スタート地点はどんなレベルであっても、あなたなりのビジネスで徐々に資金を作りながら、素敵なビジネスの演出ができるようになります。

私もそのように事業をスタートして、年商2億円を超えるビジネスができてしまったのです。

それにセルフプロデュースは、ビジネスだけでなく、あなたの理想のライフスタイルを叶えるために、とても大事なスキルだということです。

起業でも、会社勤めでも、家庭でも、自分の意志をしっかりと持ち、それを表現していくことは欠かせないことだと思いませんか？　あなたの想いや考えを相手に理解してもらうだけではなく、相手の好奇心、興味、関心をどう集めていけるかは、その他大勢とは違った生き方を目指す人には必須の武器となるでしょう。

今からお伝えする私なりに編み出したセルフプロデュース術を活用していただけると、きっとうまくいくはず。さあ、一緒に始めましょう！

Self Produce Technique

WhatよりHowで〝あの子〟と違う世界を醸し出す♡

★

The **Fourth** Period

そこで大事なことが〝何を売る〟（Ｗｈａｔ）でなく〝どう売るか〟（Ｈｏｗ）なのです。

「服を売る」「カウンセリングを売る」「漫画を描く」「本を書く」「ヤラピーを提供する」「お花を売る」「アイデアを売る」……といった「どんな仕事をやるか（Ｗｈａｔ）」は、私がファッションを仕事として選んだように、「好きだから」とか「得意だから」という理由で選んでも構わないでしょう。

しかしセルフプロデュースというステップに入ると、「何を売るか（Ｗｈａｔ）」より、「どう売るか（Ｈｏｗ）」を意識してみましょう。

素直に「これを売りたい」という商品・サービスを使う場面、つまりライフスタイルごと提案していくことに重点を置くのです。

要するに「そのライフスタイルを実行する自分」や「そんなライフスタイルを目指している自分」を、あなたが提供しているビジネスと一緒に発信していくのです。

そしてこの提案が「いいな」と思う方が、お客様となってくださいます。たとえばイラストレーターを目指す人なら、「この絵を描くイラストレーターさんだから仕事を頼む」ではなく、「この絵で、どういった毎日が実現できるのかを提案する」のです。

世の中には同じような仕事をやっている人が大勢います。それこそグーグルなどで検索すれば、沢山のライバルが、ずらっと出てきますよね。やみくもに「同じ仕事を始めました」と伝えるだけで、注目されるでしょうか。かなり難しい状況です。

★人は自分の生活の質を高めてくれる情報を求めている

人は何を求めているかといえば、「紹介される商品・サービスはどういったシーンで使えるだろうか」とか、「紹介される商品・サービスはどのように使えるのか」といった自身の生活の中で、自分の生活のクオリティーをどう高めてくれるのかという情報です。

たとえば、私の知人にまつ毛エクステンション（マツエク）のサロンを運営している女性がいるのですが、そこにはなんと「看板犬」がいます。「えっ？　マツエクなのに？」……ですよ。もちろん店内は清潔にしていますが、もともと彼女は「犬と一緒のお洒落なライフスタイル」をずっと発信しているのです。そうすると「犬がいるところで、まつ毛をつけるなんて」と思うお客様はもちろん来ませんが、その代わり「私も犬が大好き！」「一緒に行ってもいいんだ！」という方は大勢いらっしゃいます。これによって彼女の店は、お洒落な愛犬家に大人気のお店になりました。

繰り返しますが、あなたが考えるべきことは、〝何を売る〟でなく〝どう売るか〟ということです。

さて、あなたが演出するライフスタイルや世界観はどんなものでしょうか？

次に、セルフプロデュース術を成功させるには欠かせない、「コンセプト」「ストーリー」の創り方を学んでいきましょう！

Self Produce Technique

「コンセプト」でブレない私になる♡

★

The **Fourth** Period

あなたの「やってみたい」「売ってみたい」が見つかったとき、どのようなビジネスに仕立てるでしょうか？

ここで多くの人が大きな過ちを犯します。どんな過ちかというと、すでに展開している人や会社をチェックして、それと同じようなやり方でやってしまうのです。それではオリジナリティがなく、価格競争に巻き込まれてしまいます。

人はオリジナリティがなく、希少価値が低いものに対しては、有名店・大型店に流れていきます。そのほうが安心だからです。

私が起業した当時、インターネットという場は「見る」「調べる」が主流でしたが、今やこの場は、情報や商品・サービスを誰もが売り買いできるようになり、市場は混戦状態といってもいいでしょう。いろんなサービスが誕生したことで、誰でも想いとアイデア、そして行動力さえあれば参入できるようになっています。

今は、自分を売り込みやすい時代になっています。

特に、SNSが盛んになり、SNSがライフスタイルやファッション、そしてビジネス（特に、顧客の購買動機）に影響を与えることが多く、テレビなどでもSNSで流行っていることが取り上げられ、大きなブームにまで拡大させる起爆剤となっているからです。私もこのチャンスを得た1人かもしれません。
では、あなたがうまくいくために最初に手がけるべきことは何でしょうか？
それは、「コンセプトを決める」ことです。
ここでコンセプトがあることで、どんないいことが待っているのでしょうか？
3つ、ご紹介しましょう。

★コンセプトを決める3つのメリット

①ＰＲがしやすくなる
②訪問してくれた人が、「このお店は自分の求めていたお店だ」と思う確率が上がる
③あなたの軸がしっかりと定まって運営できるようになる

これからお伝えする「コンセプト創り」さえできてしまえば、「何となく始めた」起業家との差をグンとつけることができます。

商品を仕入れたり、商品を企画する前から、ぜひ手がけて欲しいことです。なぜな

らコンセプトを決めることで、「選ぶべき商品」「制作すべきホームページ（ショッピングサイト）」「誰と一緒に組むべきか？」がわかってくるからです。

つまり、ビジネスを立ち上げるときに「何が必要で」「何が不必要なのか」という選ぶ基準を最初に決めるのです。これが私のやり方なのです。

私のような物販業だけではなく、カウンセリングやコンサルティングというような無形サービスを提供する人にも役立ちます。

今までコンセプトを意識してやってこなかった人も、今日からコンセプトを創ってみてください。初めて取り組む人にとって、1人でコンセプト創りをするとなると、どれが正解か迷うこともあるでしょう。でも安心してください。

コンセプトは、一度決めたらずっと変えられないものではありません。

売上規模や商品ブランドの展開、そしてビジネスの成長段階ごとで、コンセプトを変えていくことができます。それは人の成長と同じで、子供のときの夢、学生のときの夢、大人になってからの夢がそれぞれ変わっていくようなものです。

Self Produce Technique

4つの要素を押えてコンセプトを使える武器にする♡

★

The **Fourth** Period

ではここから、あなたにコンセプト創りをお伝えしていきます。

心の準備はいいでしょうか？

まず、コンセプトとは一体、どんなものだと思いますか？

私なりの解釈でいうと、ビジネス（あるいはブランド）を、誰かに紹介するときに使える、「一言説明」のようなものだと考えています。

「誰に対して、どんなものを提供しているのか」が一目でわかるような言葉。それを「世界観を表現する」と説明する人もいるでしょう。

もっと具体的な事例を交えて説明してみましょう。たとえば、近くのお店やインターネット通販で、こんな言葉を見かけたことはないでしょうか？

「おいしいリンゴです。地元農家の田中さんが心を込めて作りました」

最近、スーパーなどでよく見かける、誰がどんなふうに作ったのかを添えてある言葉です。単に、「おいしいリンゴです」より想いが加わることで、親近感や安心感が湧き、これを買ってみようという気持ちになりますよね。もしその日は買わなくても、印象的で心に残りやすくなります。

また私のショップ「Ｍｙｕ」の場合、起業当初のコンセプトは、次のようなものでした。

「～お洒落でHappyをお届け～
お洒落ママが贈る大人プチプラ可愛いファッションサイト」

これは、説明すると、

「～お洒落でHappyをお届け～」が〝想い〟で「お洒落ママが贈る大人プチプラ可愛いファッションサイト」がコンセプトとなります。

「お洒落を通して世の中のママに幸せな気持ちを贈りたいな」という私の想いをプラスすることで、「あぁ、このお店はこんな気持ちで運営しているのね！　何か素敵だわ！」と、知ってくださったお客様に親近感や安心感を与えるのが目的です。

このようにコンセプトとは、「対象（誰に）」「テーマ、分野（何を、どこで）」「雰囲気（特徴、どのようなものを）」「スタイル（どのような印象を持たれて）」という要素によって成り立っていることがわかるでしょう。

そろそろ、「私のコンセプトは何がいいだろう?」「早速、自分のコンセプトを創ってみたい!」と思ってきませんか?

では初めに、自分のコンセプトを探すとき、どうリサーチしていくといいのかからお教えします。

まず、いろんな個人や会社をリサーチしてみましょう。

「これは参考にしたい」「なるほどそうすれば良いのか」というものをリストアップしてみるのです。できれば3店舗を見つけ出し「こんな雰囲気良いな」と思うポイント10個を書き出しましょう。

ここで大事なのがリストアップしたものをそのまま販売(提供)では、ただの真似事となってしまうので、そうならないようにしましょう。

リストアップしたものを眺めながら、**「キーワード」や「インスピレーション・ワード」をメモしていく**のです。

書き出しておくと、客観的にあなたの想いを見ることができるので、新たなキーワードが思い付くこともあり、お勧めです。

リストアップした「キーワード」や「インスピレーション・ワード」を見ながら、次の1.～4.に分類して、情報を整理していきましょう。

1.「対象（誰に）」
2.「テーマ、分野（何を、どこで）」
3.「雰囲気（特徴、どのようなものを）」
4.「スタイル（どのような印象を持たれて）」

「コンセプトを考える４つの要素」

1. 対象（誰に）

2. テーマ、分野（何を、どこで）

3. 雰囲気（特徴、どのようなものを）

4. スタイル（どのような印象を持たれて）

Self Produce Technique

想定するお客様は、「なりたい自分」にする♡

★

The Fourth Period

あなたが考えたコンセプトに共感してもらえるお客様は、どんな人たちなのでしょうか？

マーケティングの世界では、それを「**ペルソナの設定**」といいます。

「ペルソナ」とは、一言でいうと「ユーザーの人物像をより詳しく設定したもの」。具体的には、年齢や性別、居住地、職業、年収、趣味、どんなものが好きでどんなものに興味があるのか、休日の過ごし方、ライフスタイルなどなど、まるでそこに実際にその人物が実在しているかのように、リアリティのある詳細な情報を設定したものです。

このペルソナ設定をすることで、次のような2つのメリットが得られます。

(1)ユーザーのニーズが想像しやすくなるので「お客様が欲しい！」と思う商品やサービスを提供できる

(2)ユーザー層が決まるため、ピンポイントでＰＲや商品・サービスが開発できるようになることで時間やコストの削減になるでも、そんな詳しい設定をどうすれば良いのかわからない……。

と思ってしまいますが、実はとても簡単な方法があるのです。

まず「ペルソナ設定を〝理想の自分〟にする」という方法です。

「ペルソナ」が「自分の憧れ」と一致していれば、「自分が好きなこと」をやれば、そのままビジネスの利益につながっていくわけです。お客様は自分と好みが一致する人々ですから、一緒に楽しむことができる。こんなに楽しいことはありませんよね。

私が独自に編み出した「自分をモデル化する」方法は、そのまま「どういったお客様を対象とするビジネスにするのか？」という、ペルソナ創りにもつながります。

そもそも「ペルソナの設定」は、大手企業ならば、新しいブランドやお店を立ち上げるときには徹底的にマーケティングリサーチをして細かく設定するものです。

でも、「なりたい自分像」をターゲットにするなら、もともとあなたが憧れているものですから、調べる以前に「自分が求めていること」そのものですよね。

・どんな商品（サービス）が欲しい？

・どんな1日を送っている？

・どんなことに興味がある?

と、自分に問いかけると答えがすぐに見つかります。

それに「ペルソナ」を「なりたい自分像」に設定すれば、「物を売る」だけではなく、ライフスタイルごとの提案が自然とできるようになります。

何より、あなたに親近感や憧れを持ってもらうことになるのです。

★理想とするモデルにいろいろと質問してみる

「なりたい自分像」をペルソナとするとき、どうしたらいいでしょうか?

まずやるべきことは、「なりたい自分像」(理想とするモデル)にいろんな質問をぶつけてみることです。

「理想とするモデルは、どんなことに興味を持っていますか?」

「理想とするモデルは、どんな趣味を楽しんでいますか?」

「理想とするモデルは、どんな家族構成ですか?」

「理想とするモデルは、どんな家に住んでいますか？」

「理想とするモデルは、どんな外見をしていますか？」

「理想とするモデルは、SNSをどのように使っていますか？」

私の場合、こうした質問の結果、

「小さい子どもを育て、夫からも愛されていて幸せ一杯の、背が小さいけれど可愛いお洋服をステキに着こなす、20代後半の女性」

という、私の理想とするモデルが生まれたわけです。具体的なお客様は「大人かわいいお洋服が好きな子育て中のママ」となります。


今ではおかげさまでショップも、認知度が高くなったので顧客層を広げました。

しかし、起業当時は「幼稚園くらいの男の子のママ」「背が低い」「プチプラ・ファッションが好き」というところまで顧客層を絞っていました。

なぜなら、「ママ」「女性」が対象のお洋服を売っても、大手企業には到底敵わないから。対象を絞ったことで、私が「こんな服を着たいな」と憧れるものを提示すれば、同じ顧客層の方たちから共感を得ることができ、ファンになる確率が高まります。

つまり「憧れ」が、そのまま「自分が望んでいるお客様」と一致するわけです。

もちろん、服装に特化したのは私がアパレルショップを始めたからで、本当はもっとライフタイルの部分を膨らませたほうがいいのかもしれません。

要は「どんな自分だったら、みんながもっと好きになってもらえるか」「どんな自分だったらかっこいいって思ってもらえるか」とイメージしていくことです。

「こうじゃないな」と感じたら修正すればいいだけですから、映画の登場人物をつくるような気持ちで、できるだけ具体的な人物モデルを設定してみてください。

Self Produce Technique

ペルソナに「もうひとプラス」のスパイスを♡

★

The **Fourth** Period

さて、ペルソナ創りの総仕上げです♡

「なりたい自分像のペルソナ」に、もうひとつプラスで最強になる、とっておきの方法があります。それが、**「あなたの欠点をプラスする」**ということ。

欠点は、あなたの武器であり切り札です。

なぜなら同じような欠点を持った方たちに、より強い共感が得られるから。すなわち「欠点＝ビジネスチャンス」なのです。

お料理もこれと同じですよね。スパイスはスパイスだけで食べたらあまり美味しくなかったりしますが、お料理に加えたら「隠し味」としてとても美味しくなります。

そう「欠点はペルソナの隠し味」なのです♡

私なりの工夫をご紹介しましょう。

前述の私のペルソナ設定を見ていただきたいのですが、何気なく書いてある「背が小さいけれど」という部分。ここが重要な要素です。私の欠点は身長も低く、ごくごく一般的な日本人体型なこと。モデルさんのような体型には憧れますが、これればかりは仕方がありません。

というのも、あなたが設定する人物モデル。これがまったく非の打ちどころのない、完璧な素晴らしい人物だったら、他人はいったいどう思うでしょう？

「ステキ!!」と言う人も、もちろんいるでしょう。

でも、「何よ、この人！」なんて、反感を持つ人もやはりいますよね。

そう、あんまり素晴らしいことだらけの人なら、なんだか端から見ていると妬みも覚えてしまいます。**共感を得るためには、「あえて自分の欠点を打ち出す」ことが、とても大事なことなのです。**

実際、あなたも憧れの人の欠点を見たとき、「なんだ、あの人って、こんなところもあるのね!!」と親近感を感じませんか？

たとえばテレビでしか見たことのない雲の上の存在だったとしても、「自分と同じ欠点を持っているんだ」とか「それでも頑張っているんだな」と知れば、応援したくなってしまいますよね。

背が低いことや、そんなにスタイルがよくないことをあえて私が発信してきたのも、やはり欠点を白状することによって、同じ悩みを持つ人に共感してもらいたかったからです。

実際、私はずっと背の低さや体型をカバーするような工夫をしながら、お洋服をコーディネートしてきました。

ブログで発信してきたのも、そんな工夫によって培ってきたノウハウですから、ぜひとも共感していただいた方には、ショッピングサイトで服を買ってキレイになってもらいたかったわけです。

「雑誌でモデルさんが着ている着こなしより、ずっと参考になる！」ということで、お客様の心をつかむことができたわけです。

今のあなたにも、自分で「欠点」と思っていることは、やはりいくつかあるでしょう。でも、世の中には同じ欠点で悩んでいる方も多いのです。もしそんな方の役に立つことができるのなら、むしろそれは自分の「強み」と考え、ペルソナに加えてしまうべきでしょう。

日常生活で、「嫌だな〜」と思っていることが武器になるなら、不満に思っていることは全部「よかったこと」に変わるのです。

★マイナスに思っていることをどうしたらプラスに転換できるか？

振り返れば起業したとき、私には不利な材料が沢山ありました。

「主婦であること」
「育児中であること」
「コネがないこと」
「経験がないこと」
「資金がないこと」

いつも時間をかけてお洒落することはできない。すぐに子供に汚される。そんな人が、お洒落なお洋服を販売？……といえば、普通はありえないことでしょう。

でも、「なりたい自分」に欠点をプラスしたからこそ、同じ悩みを持つママさんたちに共感を得て、味方にすることができたのです。

コネもなく経験も資金もなかったから、一から情報収集したことが大きな財産となりました。

半端な知識しかなかったから、硬い考えにとらわれず、自由でのびのびとしたビジネスができたのだと思っています。

あなたがマイナスに思っていることは、**「どうしたら共感を得るものにできるのか」と、視点を切り替えてとらえる**ことが大切なのです。

あなたの欠点やハンデは何ですか？

それをペルソナに加えてしまいましょう。

それがより多くの方からの共感を得られ支持される隠し味となるのです♡

「あなたのペルソナを設定してみよう」

★ 性別・年齢・家族構成・趣味・年収など

★ ペルソナは何からいちばん情報を得ていますか？

★ ペルソナはどんなＳＮＳを利用していますか？

→ これでプロモーションをかける場所がわかる

★ ペルソナの１日はどんな感じですか？

平日

休日

→ これでＰＲすべき時間帯がわかる

★ ペルソナはどんな商品やサービスなら買いたくなりますか？

→ これで売れるものがわかる

★ 最後にスパイス（欠点やハンデは？）

→ これで共感を得る

Self Produce Technique

「これ、売れる！」が見つかるライフスタイル術♡

★

The **Fourth** Period

「売れる企画」を作るために、「これ、売れる！」を敏感にキャッチできるアンテナは欠かせません。

トレンドをキャッチできると、どんな気持ちになるでしょうか。わくわくしてきませんか？

では、そのような勘を磨くためには、どうすればいいのでしょうか。

私なりのトレーニングを3つ紹介してみます。

①ＳＮＳで海外のトレンドを見つける
②大手ショッピングモールサイトで「今の旬」を調べる
③素敵な体感をして「売れる！」をキャッチする

この3つすべてを「自分のライフスタイルに取り入れること」が大切です。

たとえば、朝起きたらスキマ時間でＳＮＳをチェックして「海外のトレンドをキャッチ」する。

昼休みや空いている時間には、ショッピングモールサイトで「今この瞬間で」売れてるものをキャッチしてみる。

街に出たり、話題スポットに行くことで、「これいいな！」と思えるものを見つける。

このように、どれか1つだけに偏らず、この3つの情報を常に自分の生活に取り入れることで「これ売れる！」と感じ取れるアンテナを磨くことができるのです。

さて、先ほどの3つのトレーニングをそれぞれ解説してみます。

★①SNSで海外トレンドをキャッチする

まず「これ売れる！」という勘は、自分の感覚です。感覚をうまく刺激するには、私は写真を利用します。この点において便利なツールは、手頃にリサーチできる「インスタグラム」でしょう。

特に意識して欲しいのは、国内市場をビジネスにする人なら、国内の情報よりも海外の情報に目を向けることです。国内の情報は「すでに日本で流行っているもの」ですから、その情報をキャッチできたとしても、単に価格競争に飛び込んでいくだけです。その一方、海外のトレンドをキャッチすることで「まだ浸透してないヒット」「隠されているネタ」を探し当てることができます。いつも何となく見ているSNSを「これ売れそうかな？」を探り当てるツールとして使ってみましょう。

★②大手ショッピングモールサイトで「今旬」をキャッチする

私の場合、特にお洋服をデザインするときは、必ず大手ショッピングモールのランキングを見るようにします。ランキングで全体のトレンドの傾向を把握できるからです。ネットショップのランキングは「テレビ」や「雑誌」とは異なり、タイムラグのない「まさに今売れている（今旬）」が確認できる超便利なツールです。

複数のモールのランキングを確認することです。そうすることで、偏りのないトレンドの情報収集ができ、今後の売筋の傾向が見えてきます。大カテゴリ（レディースやインテリア）のランキングを確認した後、アイテムごとのカテゴリのランキングを見ていくと「今はこういうものが売れている」とか、「これからの流行はこういう傾向だ」という情報がわかってくるのです。

★③素敵な体験をして「これ、売れそう！」をキャッチする

インターネット上の情報は手軽に入手できますが、やはりそれを体感して確信を得るために、街へ出てみることがいちばんです。ＰＣやスマートフォンとにらめっこしても、それは「あなたが見たい情報」を偏って見ているだけ。逆に、実際の世界に繰り出せば目から耳から…いろいろな情報が入ってきます。

そこで頭に入ったトレンドの情報をもとに、実際の目で見て体感することを大切にしてみてください。地元にいれば空いている時間でぷらっと静岡の街中にも行くし、東京に来たときは、原宿や渋谷や銀座などを歩いてみる。そこで「あの子が着ている服は可愛いな」とか、お店に入って「これステキ！」とか、「欲しいな〜」という刺激を実際の空気感で体感して受ける。

これは自分の業種だけに限らず「今人気のカフェ」「今話題のスポット」などにも沢山足を運んで、「いいな！」の刺激をいっぱい受けると、自然に「あ♡あんなデザ

インのお洋服を作ろう」とか、「こんな色のお洋服っていいと思わない！」といったアイデアが出てくるのです。

あとはスタッフと打ち合わせをしたり、デザイナーに相談すれば、商品化に向けて動き出します。

こうしたやり方は、私たちのようなファッション・ビジネスに限らずできることでしょう。ユーザーが使用する生活空間を再体験するということです。

あなたなりの「これ、売れる！」という感覚をぜひ磨いてみてください。

さて、あなたは、

・朝起きてどんな写真を見ますか？
・お昼にどんな「今旬」をキャッチしますか？
・今度の休日はどこに行きますか？

これこそが「これ、売れる！」のトレーニングなのです♡

Self Produce Technique

売れるキャッチコピーは「雑誌の見出し」をヒントに♡

★

The **Fourth** Period

「これ、売れる！」と思える商品を見つけたら、次に決めなければいけないのが「キャッチコピー」です。

その商品に対する「パッと見ただけで特徴が分かる、魅力的な一言説明」がキャッチコピー。

一見シンプルそうに見えても、名付け方は難しく、身につけるのが大変なことのように思うでしょう。

いくら魅力があるからと言って、キャッチコピーで魅力をだらだらと書いても、途中で読むのが嫌になってしまいますよね。SNSも、文章主体のフェイスブックより、ひと言のツイッターや、写真中心のインスタグラムが中心になってきました。

だから必要なのは、**メッセージを短く、わかりやすく伝える能力！**

この点でいちばん参考になるのは、「雑誌のキャッチコピー」です。

雑誌の表紙を思い浮かべてみてください。もしくは見てみてください。その雑誌は「何を売りたいのか」「何がおすすめなのか」パッと見ただけで理解できる言葉になっています。

キャッチコピーというのは、プロの編集者が「その記事を読んでもらう」という目的で、一生懸命に知恵を絞って考えているものです。簡単な文句のようで、読者が興味を持つ言葉であったり、時代のキーワードを巧みに盛り込んでいたりします。

- パッと見ただけで何を伝えたいのかわかる
- トレンドを程よく押さえている
- 読み手にとって魅力的な言葉である

この3つがとても大事になってくるのです。

あなたのビジネスのお客様が読みそうな雑誌は、必ずチェックするといいでしょう。表紙だけではなく各特集ページの見出しや文章の内容など「長くないのに分かりやすいキャッチーな言葉」は、すごく勉強になるはずです。

★魅力的かつ一言で分かりやすく説明しているか

初めて来店するお店でお買い物をするとします。そのときに「絶対に何か買うぞ～」という気持ちで来店してはいないですよね？「何か魅力的なものないかな？」「いいものないかな～？」と見ていることがほとんどでしょう。

でも、「興味のある言葉」に心が引っかかれば、目を止め、興味を持つようになります。そして「これいい！」「素敵！」と思ったら手に持ち欲しくなりますね。

そこで大切なのが「①誰が（ターゲット）」「②どんなメリットで」「③どのようなシーンで」が自分のお店の顧客層と合い、かつ一言で分かりやすく説明しているかどうか、ということなのです。

具体的に説明しましょう。156ページの写真はMyuのショッピングサイトの画像です。①～③のキャッチコピーを見てください。①のターゲットは「賢いママ」、②のどんなメリットは「大人セットアップ」、③のどのようなシーンは「入学式・卒

1. 誰が使うか→ママではなく「賢いママ」と書くことにより対象顧客となるママが「あれ？」と思う
2. 「大人っぽい印象のセットアップ」「大人な印象のセットアップ」と書くと長すぎてパッと見そそられない。「大人セットアップ」と書いても意味も分かるしパッと見ただけで魅力が伝わる
3. シーン提案（そうそう！こんなシーンで使えるのを探していたのよ～となる）

業式、普段にも」ということを一言で分かるように入れています。

また、キャッチコピーに、より詳しい説明を加える場合は、そのキャッチコピーに「どんなメリットがあるか」「どんな特徴があるか」を加えて説明します。

158ページの商品説明画像にも①～④のような様々な仕掛けがあります。

①は「賢いママのお洒落フォーマル」で「誰が」＋「何を」を短く表現、②はどんなシーンでどう使うのかを提案、③は①と②をさらに詳しく簡潔に説明、④は魅力やメリットを箇条書きで分かりやすく表現しています。

「簡潔で分かりやすくパッと見でそそられる文章」は、雑誌の見出しだけではなく、新聞広告や電車の中刷り広告で使われている文章にも、そのヒントが隠されています！

最初は、その言葉を活かしてみてもいいでしょう。気になる文章があったら、ぜひメモなどをとっておくようにしましょう。

❶ 賢いママのお洒落フォーマル♡

❷ 「入卒園式」にも「デイリー使い」にも！
優秀“大人セットアップ”♥

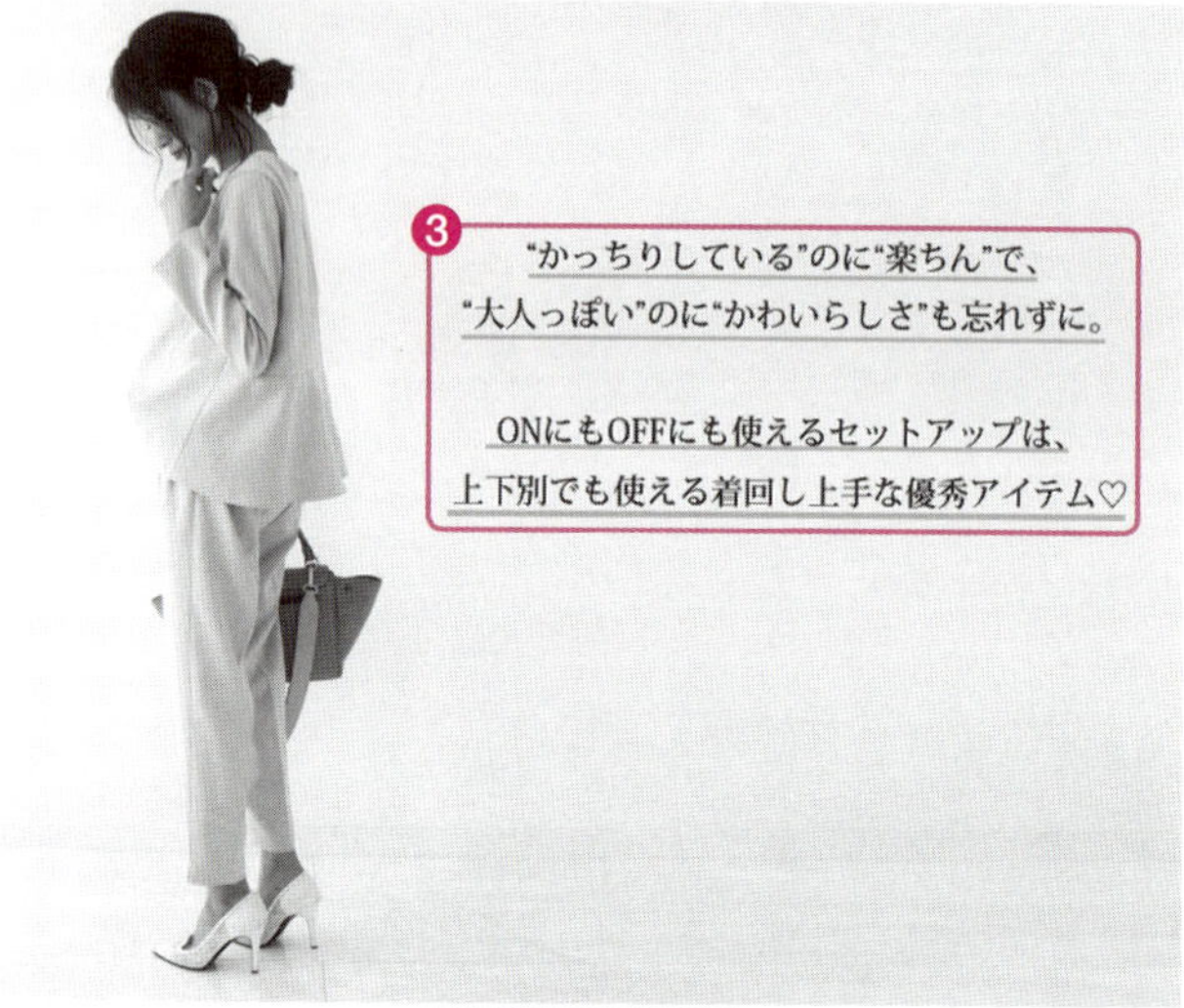

❸ “かっちりしている”のに“楽ちん”で、
“大人っぽい”のに“かわいらしさ”も忘れずに。

ONにもOFFにも使えるセットアップは、
上下別でも使える着回し上手な優秀アイテム♡

❹
- ✔ 入卒園式など子供の行事だけで着るのはもったいない！
- ✔ どうせならお洒落で可愛いものを♡普段も使いたい！
- ✔ かっちり見えるのが良いけど楽ちんじゃない服は嫌！
- ✔ 着回しが沢山出来れば学校行事ごと買い替えなくても良いのに…

❶「誰が」＋「何を」を雑誌的キャッチコピーに

❷「シーン提案」＋「魅力」＋「何を」を短くわかりやすい雑誌的キャッチコピーに

❸ まるで雑誌の文章にありそうな簡潔で魅力的な文

❹ 魅力をチェックボックス的に見せ見やすく

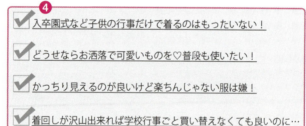

5★

The **Fifth** Period

“想いを形にできる私”になる♥デザイン＆SNS戦略

Design&SNS Technique

コンセプトを形にする 5つのステップ♡

★

The **Fifth** Period

前章では、セルフプロデュースで欠かせない「コンセプト創り」「ペルソナ設定」「キャッチコピーの付け方」について説明しました。

しかし、「それはわかったけど、どう表現したら良いの？」と思われる方もいらっしゃることでしょう。また、ビジネスを始めるとき、ホームページ、名刺、チラシを作る必要があるし、どれから手をつけていいかわからないという悩みを抱く方も多いことでしょう。

本章では「コンセプトをどう表現するか」を具体的に解説していきます。

この手順に従って進めれば、きっと自分なりのビジネスが立ち上がります。ここでは「法人手続きの仕方」「商標登録の方法」「ホームページの作り方」といった専門的な知識以外で、ビジネスで売上を上げていくための実践ノウハウに絞って解説していきます。

そう、あなたが作り上げた世界観を形に変えていく記念すべき最初の一歩なのです♡　次の（1）～（5）をやってみましょう。

★（1）コンセプトを形にする第一歩は、「ブランド・ネーミング」を作ることから

コンセプトが決まった後、あなたに最初に手をつけて欲しいのが、今からお伝えする「ブランド・ネーミング」を作ること。

どんな名前を付けて、お客様からどう呼ばれたいか、を考えていくのです。

まず、ポイントはこの2点です。

①コンセプトを反映したものであること
②誰にでも覚えやすくて、読めること

まず、コンセプトが反映されなければなりません。名前を見ただけで、聞いただけで、どんなイメージを持ってもらいたいのか決めましょう。商品・サービスの印象を決めるのは大切なことです。

たとえばナイキの社名は、社員の一人が夢で見た、ギリシャ神話の勝利の女神「ニ

ケ（Nike）」からの着想でつけたネーミング。それにより、ナイキのロゴマークも、女神の翼をイメージしたものでデザインされたとか。このように優れたネーミングには、ストーリーが込められています。

さらに、誰にでも覚えやすくて読めるものがいいのです。せっかくブランド・ネーミングを用意したとしても「これ、どう読むのかな」と思われるようでは、人の記憶に残らないばかりか、多くの人に口コミされません。

たとえば、H&Mというブランドをご存知の方も多いでしょう。実は、創業時の社名は、「Hennes」。その後、狩猟用品店「Mauritz Widforss」を買収したとき、店名も「Hennes & Mauritz」となり、最終的に、「H&M」と変えたそうです。もし「Hennes & Mauritz」のままだったら、現在のような人気ブランドに育っていなかったかもしれませんよね。

ブランド・ネーミングはどう発想していけばいいのでしょうか。ここで私なりの方法をお教えします。まずコンセプトに合いそうで、あなたが好きなアイテム（物・

色・場所なんでもＯＫ）を書き出してみます。

そして、それを英語・フランス語・イタリア語などの言語に変換します。大事なことは、変換後の言葉、つまり英語やフランス語が、コンセプトを連想させる言葉であるかどうかをしっかり確認することです。


私の場合、ブランド・ネーミングはコンセプトから着想し、「Ｍｙｕ」という名前をつけました。

もともとは、個人事業主からスタートしたので法人化したときに、「頭文字のＭの後ろに何かを付けようかな～」と考え、「上品さ、あか抜け」という意味がＭｙｕの目指す世界観にぴったりだなということで「chic（シック）」という言葉を付けました。

というわけで「株式会社Mchic」という社名になったのです。

あなたの想いや世界観はどんなイメージですか？

そのイメージを連想するもので、覚えやすく、誰からも愛されるような名前に変えて表現してみてください♡

★（2）ロゴマークを作る

特に1人で始めるビジネスだと、ロゴマークを作るなんて大袈裟ではないかと思う方もいるでしょう。

でも、そんなことはありません。ロゴマークは「あなたのビジネスの顔」となります。ホームページ（ショッピングサイト）、名刺、チラシで役立ちますし、実はロゴマークで使うカラーをもとにデザインすることで、効果的なカラー使いができるようになります。

デザイナーとの付き合い方のコツ

では、あなたならロゴマークをどう制作するでしょうか？

アドビシステムズのイラストレーターやフォトショップといったデザイン用のソフトウェアが使える人なら、自分で制作することができます。私は、フォトショップが使えたのと、デザイン制作に自信があったので起業当初は自作しましたが、ロゴマークを作るのは、そう簡単ではありません。それにデザインソフトが使えるだけでなく、ロゴマーク制作のための知識は専門的です。

できることなら、デザイナーに頼んでしまうことをオススメいたします。

もし知り合いのデザイナーがいれば、その人に頼むといいでしょう。

たとえデザイナーを近くで見つけられなくても、心配ありません。今ならクラウドソーシングで、数千円からデザイン制作を発注できます。経験者に依頼したとしても、5万円から依頼できます。あなたが「この人、いいな！」と思う人にぜひ頼んでみましょう。

デザイナーを探すときに大事なことをお伝えします。デザイナーの経験値や能力も大事ですが、それ以上に大事なことは、「あなたの依頼の仕方」だということです。デザインは高額を支払えれば「いいデザイナー」と出会えるというわけではありません。あなたの依頼を親身に聞いてくれる人。それと、あなたの想いを理解して、その想いを叶えてくれるデザイナーを見つけることが大事です。

まずは過去の作品を見せてもらうようにしましょう。どんなデザイナーでも、「過去の作品を見せてくれませんか？」と問い合わせれば、嫌な顔をすることなく見せてくれます。

当然、デザイナーにも得意・不得意分野がありますから、それを過去作品から、あなたの想いに近いデザインができるデザイナーかを調べることができます。

デザインを依頼するときは、「コンセプト」「ロゴタイプ」「使う用途」をきちんと伝えましょう。

いいデザイナーを見つけたら、長く付き合える関係にしましょう。早いレスポンスを心がけるとか、ギャランティの支払いを遅らせないなど、マナーを守ることも大切です。

そうすることで、あなたの想いをきちんと表現してくれる、いいデザイナーを味方につけることができるようになるのです。

さらにロゴマークを制作する上での注意点は、この3つだけは気をつけましょう。

商標などの法律的な問題以外でお伝えすると、

①ショップのコンセプトからずれないこと
②誰が読んでもわかるような文字（フォント）で書くこと（たとえば、筆記体などは不向き）
③社名は文字が多すぎないこと

ぜひ、自分らしいロゴマークを作ってみてください。
以下にＭｙｕのロゴマークを解説したので、参考にしてください。

「Myu のロゴマークに込めた想いはこれ！」

コンセプト

“オトナ女子”のためのオシャレSweet Shop「ミュー」

Myu

Original & Select Fashion Shop

世界観に合ったフォントでショップ名

Myu の文字だけだと寂しい気がしたので「何を売っているショップか」英語で補足して入れました

★（3）イメージモデルを作る（立てる）

次にやるべきことは、「イメージモデルを作ること」です。ファッションに限らず、どんなビジネスでも有効です。「人物」を通じて、あなたのコンセプトを伝えるのです。あなたが提案する商品やサービス、新しいライフスタイルは、新鮮ですぐにイメージできないかもしれません。特に、言葉だけで伝えようとすると難しいですよね。

しかし、写真や映像で伝えた場合、文字で伝えるよりも直感的な理解が得られます。そこで大事なのが、コンセプトを表現するライフスタイルを人物を通して描くという方法です。

ここで気になるのが、どんな人物を立てるといいのかという問題です。起業当初は、資金に余裕がないでしょうから当然、プロのモデルやタレント（芸能人）を起用するのは、現実的な方法ではありません。

では、どうすればいいのでしょうか。そう、「あなたをイメージモデルにする」のです。そもそも、あなたが描く理想がコンセプトのはずですから、何をどう描くかは難しくありませんよね。

私の場合、ショップのオープン前から自ら自身のブランドで展開するお洋服のモデルとなり、毎日のようにSNSでコーディネート提案していきました。

手の届かないような遠い存在でなく、一主婦である私が提案するファッション・コーディネートでしたから、見ていても親近感が湧くだけでなく、ファッション雑誌より参考になったようで、とても話題になりました。ただ、自分を目立たせることに抵抗を覚えるかもしれませんよね。そんなときは、仲間をモデルにするのもいいでしょう。

とにかく、「人を立て、ブランドを表現すること」で、商品やサービスを使用する場所やライフスタイルがイメージしやすくなります。

★(4)ライフスタイルごと売り込むイメージ写真を作る

ネットニュースを見てもそうですが、以前より写真の影響力は増しています。インスタグラムに代表されるように、写真や動画で直感的に伝えたいことを表現するスキルがますます求められます。

それにビジネスでは直接、集客に関わってきます。やはり、「キレイに撮れたな〜」という写真の商品と、そうではない商品の売り上げは格段に違うものです。だからこそ、写真や動画で伝えたいことを表現できるスキルは大事なのです。

しかし、心配は無用です。学べる材料はたくさんあります。編集技術や撮影技術などプロ並みの技術がなくとも、ポージング、構図、デザインをインターネットや「これ、いいな！」と思うインスタグラマーを観察しながら学ぶことはできるからです。

私の場合、今はプロのカメラマンに依頼したり、きちんとしたスタジオと契約していますが、起業当初は自分自身をモデルにして、主人に写真撮影をしてもらいました。ときには、子供にも手伝ってもらっていました。機材は、アマゾンで買った1万円程度の人工照明セットと、デジタルカメラのみ（一眼レフカメラではありません！）。

撮影をしながら気付いたのは、人工照明で撮影するより、屋外の自然光のほうが綺麗に撮影できること。これに気付いてからは人工照明すら不要になりました。

ですから、ここで予算をかけないで、パートナーや友人に頼んでみてもいいかもしれませんね。あなたのコンセプトに合う写真背景を決めて、撮影会をしてみましょう。

写真にうまく映り込ませる3つのポイント

ではコンセプトをうまく写真に落とし込むにはどうしたらいいのでしょうか？

実は、これもいたってシンプルで、次の3つがポイントです。

①ペルソナはどんな場所にいますか？　そこを撮影の背景に映り込ませます。

②ショップ、あるいは会社のテーマカラーを使った小物を販売する商品と一緒に撮影する。

③ペルソナは、あなたの商品以外にどんな小物を持っていますか？　それも一緒にコーディネートする。

きっとうまくあなたが伝えたいライフスタイル感を、写真で表現することができるようになるでしょう。

○

↑お洒落なカフェでほっと一息♪を表現しつつ売りたい商品もアピール。

×

↑ただ「商品」を見せるだけだと、お客様が「使いたいシーン」が想像できない

○

↑販売商品だけでなくバッグや小物なども身に着け
「よりリアリティ」のあるコーディネート提案を

×

↑販売商品だけだと、お客様が商品を使うイメージが湧きにくい

★（5）ショップカードを作ってみよう♪

次にやるべきことは、あなたのビジネスを正しく伝えるツール、「ショップカード」を作ってみましょう♡

これは商品と一緒に送ることもできる便利なツールです。名刺を作る方は多いと思います。しかし、このショップカードを作る人は、少ないようです。

ですから、他のビジネスとの差別化にもなります。

名刺とは異なるものですが、このカードはあなたのブランドのイメージをお客様に知ってもらうためにとても重宝します。

あなたが「少し気になっているな～」と思うお店で、ショップカードが同梱されてると「このショップって他のショップよりも本格的にやっているんだな～」と思いませんか？

さらにショップカードを用意するのに、「デザインが難しそう」「注文できるロットが多そう」と思いがちですが、実はとても簡単にできます。オリジナルで名刺を作成してくれる制作サイトに依頼すればいいだけです。これなら費用も最低限に抑えられますし、少ないロットで制作できます。

製作サイトによっては翌日に届く場合もあります。私のお店の商品に同梱されているショップカードは、今もこの方法で作っています。

179ページにあるのがMyuの実物のショップカードです。「お部屋などに飾ってもらえたらな〜」「しおりにしてもらえたらうれしいな〜」と思い友人にイラストを描いてもらいデザインしました。

カードに入れるべき情報は、最低限この3つだけでいいでしょう。

①ロゴマーク
②コンセプト
③QRコード

ここで新しく登場するのが、「QRコード」です。最近、これを使う人が増えてい

「Myuの実物のショップカードはこれ」

Original&Select Happy! Sweet! Love! Fashion Shop

Myu

SHOP　INSTAGRAM　BLOG

http://www.rakuten.ne.jp/gold/myu-mie/

"毎日を、もっとお洒落にHAPPYに　"

なんてことない日常も、いつもよりちょっぴり特別な日も、

毎日のライフスタイルに快適と彩りを…

お洒落を通して
一人でも多くの女性に、よりたくさんのHAPPYを
Myuがお届けできますように…

Myuのお洋服で、
より多くの幸せが、皆様に届きますように

ます。お客様が、便利だからです。

最初のころは、ショップ名やブランド名をグーグルで探しても、1ページ目で出会うことが難しいもの。だからと言って、サイトのURLをお伝えしても、URL1つひとつの文字を入力するのは手間がかかります。

したがって、簡単にサイトへアクセスしていただく方法として、QRコードを入れるのはお客様にとって利便性が上がるのです。それにショップカードやタグカードにQRコードを入れることで、あなたが持つSNSへの誘導にもつながってきます。

この①～③の情報をきちんと入れ込むことで「パッと見たイメージ」「コンセプト（世界観）」「ホームページやSNSへのURLリンク先への誘導」、これらが、この1枚でぎゅっと盛り込まれ、お客様に、あなたのビジネスの基本情報を正しくお知らせする便利ツールへと変わります。

Design&SNS Technique

ＳＮＳで「売れる空気」を作る♡

★

The **Fifth** Period

★SNS戦略が必要な3つのワケ

今はもう、誰でも何かしらのSNSをやっている時代ですよね。あなたもそうではないでしょうか？　だからこそ、SNSは以前のテレビや新聞のように、情報伝達のためには、欠かせないツールとなります。

私の場合、今でこそMyuのSNSは全てPR担当の社員に任せ、自分のSNSは気ままにアップしているだけですが、売上が月商500万円頃までは、このSNSで自らMyuのコンセプトをブランディング戦略のツールとして使い、売上を上げていました。

「SNSはあまりやりたくないな」「ちょっぴり面倒だな」という人も、ぜひ、ある程度の売上規模になるまでは、ご自身でSNSを運営し、ビジネスの収益へとつなげていくことをおすすめします。

また、「自分を出すのが苦手」だという人は心配ありません。実は、あなた自身が前面に出る必要はなく、あくまでも主役は「自分のブランド」だということです。あなたは「名演出家」になった気分でＳＮＳを活用してみましょう。

ＳＮＳが、あなたのビジネスに欠かせない理由としては、次の3つが挙げられます。

①他のプロモーションに比べると、費用対効果が良い。すなわちほぼ無料でできる最も効果の高い広告となる

②イメージ戦略にはもってこい。ただ物を売るだけではなく「ライフスタイルごと売り込むには最も適したツール」がゆえファン作りをしやすい

③ＳＮＳは、生活者が日常的に使い、テレビや雑誌から影響を受けていた時代に代わるものだということ

1つずつ説明していきましょう。

①他のプロモーションに比べると、費用対効果が良い。すなわちほぼ無料でできる最も効果の高い広告となる

SNSの最大のメリット、それは「集客」ではないでしょうか。私の経験上、SNSは最も費用対効果の良い集客方法であるということです。

私は本格的に起業をスタートする約1年前に、ブログを始めていました。最初は毎日の日記代わりに大好きなコーディネートやインテリアだけを載せ、私が紹介するファッションやインテリアが好きだと言ってくださる人との交流の場にしたいなという程度の軽い気持ちでスタートしたのです。

その後、しばらく経ち起業を決め「ここを集客の場としよう」、と決めてからやったことは、こんなことです。

・起業までの道のりをストーリー的に見せて発信する
・「どんな想いでこのショップを始めるのか」「どんなショップにしたいのか」「なぜショップを始めようと思ったのか」、そんな「想い」も発信していきました

そのことで今まで私の読者さんだった方々が応援してくれるようになり、広告費は一切かけず初日の売り上げは30万円強。良いスタートダッシュを切ることができました。

実を言うと弊社は、「月商１０００万円を目指そう！」という段階までは、広告を一切使ったことがなく、代わりにＳＮＳでのイメージ戦略だけはしっかり行っていました。現在では、月商２０００万円強の規模になり、ＳＮＳ以外の広告も行なうようになっています。

それでも月に20万円程度の広告費しか使っていません。これは同じ規模の店舗に比べたら、10分の１程度でしょう。

インスタグラム、フェイスブックのＳＮＳでファン作り、ブログを使ってファンに向けたアピールを行い、集客をする。そうすればファン（読者）が１００人を超えた辺りから、確実な集客効果が出てきます。

効果の不透明な広告に無駄な時間とお金を費やすのなら、１人でも多くのファンやフォロワーを増やすことに力を使ったほうが、よっぽど効果があるのです。

★集客にお金はかけなくていい

さらに最初のうちは、SEO対策すら気にする必要もありません。好きな内容を更新して、自分のSNSから読者さんを呼び込めばいいのです。

私の経験では、ある程度の規模になるまでは、集客にお金をかける必要など一切ない！　ということ。むしろ「一切かけなくてOK」なのです。それに集客しようとする場合、「さあ、広告をかけよう！」というのは危険です。広告にはインターネット上のCPC（Cost Per Click）広告や、リスティング広告、紙媒体のナラシ、POPにはてはテレビコマーシャルから新聞広告まで、たくさんの種類があります。実際、どれも安いとはいえないお値段。ビラを配ったり、近所にポスティングするならばそう高くありませんが、手間がかかるうえ、効果はさほど高くはありません。

ちなみに私が起業したときは、広告の営業電話や勧誘FAXがわんさかときました。それと起業したばかりの頃「月商300万円講座」へ試しに行ってみると「CPC広告」「リスティング広告」といった広告の話をされ、最初のうちは広告の費用対効果の悪さに「え！　こんなにお金を払わないと月商３００万円にいかないの？」と思ってしまいました。

講座後の親睦会のランチで受講者や講師の方がお話をしているのを聞いていて、多くの人が皆すでに広告をかなり打っているとのこと。専門用語が飛び交いちんぷんかんぷんでしたが、よくよく話を聞いていくうちに実は、私が無料で更新していたブログでの集客の10分の１も集客できていなかったというのが現状。

「月何十万円もかけて」「毎日何時間もリサーチして時間を使って」このような状況を知ったことで、起業スタート時の広告費の投入は割に合わないと思ったのです。

それに「この人たち、自分のこれだ！」と思うことで起業しているのに、いつの間にか広告頼みの集客に必死になり、「そればっかに気を取られて楽しいのかな？」「それにお金をかけるんだったらもっと良いものを作ったり、お客様にお求めやすい価格で販売すればいいんじゃないかな？」と思い「私は今まで通りＳＮＳでお店のファンを増やそう」と強く思ったのを覚えています。

②イメージ戦略にはもってこい。ただ物を売るだけはでなく「ライフスタイルごと売り込むには最も適したツール」ゆえ、ファン作りがしやすい

ただ商品を売るだけではなく、コンセプトをしっかり作り「世界観」を売るのが良いと前章でお伝えさせていただきました。その「世界観」を表現するのには「SNS」が最適です。

・こんな素敵な毎日を送っている人から商品を買いたいな
・こんな考えの人からサービスを受けたいな
・この世界観大好き！　私もこんなふうになりたい

そんなふうに思ってもらえるような世界観をSNSでは発信できるのです。

③SNSは、生活者が日常的に使い、テレビや雑誌から影響を受けていた時代に代わるものだということ

「世界観をＳＮＳで発信する」

×

BLOG

今日の新作はこのバッグです！

前のフリルデザインがポイント

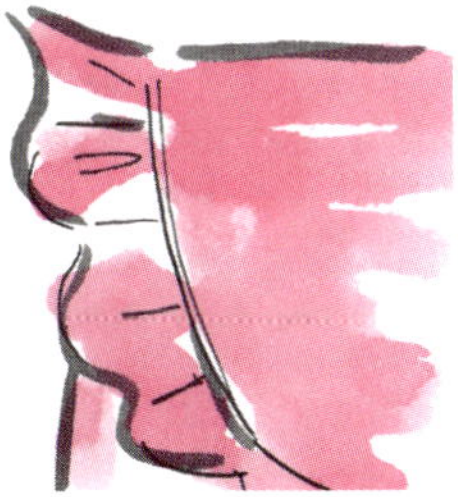

→ではなく…

○

BLOG

今日はおしゃれな友人と
最近できたカフェへ

おしゃれな友人にほめられた

このバッグは当店の新作

トレンドのワンピースにもよく合う。この間はデニムとＴシャツのカジュアルスタイルにも。オンとオフの両方に使えてとってもおすすめ

私がアパレルショップの販売員をしていたとき、赤文字系ファッション誌の影響が強かった『CanCam』全盛期でした。

ファッション誌の発売日には開店前から電話が鳴り「何ページのエビちゃんが着ていた服はありますか？」「表紙でモエちゃんが着ている服はありますか？」などのお問い合わせが殺到したものです。

もちろんその商品は爆発的にヒットしたため、エビちゃんやモエちゃんが着ていたアイテムと同じ色のみ売れ行きがとても良かったのです。

今それと同じ現象がまさにＳＮＳのインフルエンサーから起こっています。

朝起きて注文管理画面を開き「昨日までさほど売れていなかった商品が１色のみ出ている！」ことに気づくと、アメブロやインスタグラムでＭｙｕと検索。そうすると、ほぼ１００％の確率でインフルエンサーが商品をお洒落に着こなしアップしてくれているのです。

昨今はファッション誌が売れにくくなったとか、テレビを観る人、またテレビを観たとしても１人当たりの観る時間が減ってきているそうです。

では、今までファッション誌やテレビを観ていた人が、トレンドの情報収集をやめたかというと、そうではありません。その代替媒体が、ＳＮＳへと移行してきたのです。そのため、人気インフルエンサーが当時のモデルや芸能人並みの影響力を持つようになったのです。

インフルエンサーは、どこかの芸能事務所やモデル事務所に所属しているわけではなく、プロから見るとある意味、アマチュアレベルかもしれません。

しかし、**「一個人が気軽に発信できる時代になっている」証拠としてＳＮＳでのインフルエンサーの影響力が高まっています。**

テレビ局を作らなくてもユーチューバーという職業が成り立っている時代でもありますよね。それにスマートフォンを開けば、様々な情報がキャッチでき、それが現代社会の私たちにとって最も便利なツールになっています。ＳＮＳと無関係でいるのは、みすみす、ＰＲの機会を逃しているのと等しいのです。

Design&SNS Technique

SNSは
ブログとインスタグラム
だけでいい♡

★

The **Fifth** Period

いくつものＳＮＳを運営していくのは大変です。だからと言って、活用するＳＮＳ投稿が同じ内容だと心が通っていないショップだと思われてしまいます。

これからＳＮＳを活用して、多くの方に自分のショップを知っていただきたいというのであれば、ＳＮＳをやみくもに更新するより「ブログ」と「インスタグラム」の2つだけに絞って運用してみてはいかがでしょう。

ブログには、コンセプトに合う、読者が欲しい情報、役立つ内容を投稿し、インスタグラムには、コンセプトのストーリーが伝わる写真を投稿するのです。それぞれの特徴を最大限に生かした投稿をするのが肝心です。

そうすることで、読む側も「ブログはブログの楽しみ方を」「インスタはインスタの楽しみ方を」していただけます。

ＳＮＳはあくまでもビジネスを起動に乗せるためのツール。あなたのメインの仕事ではありません。「ＳＮＳで1つでも多く更新する」よりも「ブログとインスタグラムだけに絞って内容の詰まった投稿をアップ」することのほうが大事だということです。

そして「素敵な商品作り」「良いサービスの提供」をきちんと考えていくことが、本来あなたがやるべき仕事だということです。

また、ＳＮＳを活用するとき、公式サイト（ショッピングサイト）にどのような顧客の動線を作っていくかを意識しましょう。私の場合は、次の図のようなシステムで運用しています。

「公式サイトとＳＮＳは こう活用する！」

Design&SNS Technique

顧客リストは一見さんをファンに変える鍵♡

★

The **Fifth** Period

ＳＮＳで集客がきちんとできていて売上も順調だと、とかく後回しにしてしまいがちなのが「顧客リスト」。

しかしこの顧客リストは、中長期的には実はとても重要です。

「顧客リストはあなたのビジネスの財産」と考えてください。ＳＮＳでいくら集客してもメルマガ会員や顧客登録をしていただかないと、何度来店や購買くださっていても、それは一見さんと同じなのです。

★顧客リストはなぜ大事なのか

お客様の住所やメールアドレスなどが分かるのが顧客リストです。まずメールアドレスや住所がわかることでセールやおすすめ商品、イベントなどのご招待を送ることができます。ＳＮＳで全世界に発信、ではなく個別に送ることができるため、よりあなたの情報が欲しい人だけに情報を届けることができます。

またＳＮＳだと「最近見ていない」などのお客様には、もうアピールできませんがＤＭであれば、そんな方たちにもう一度ショップの魅力を伝えられるチャンスなの

「顧客リストを取ることが大切」

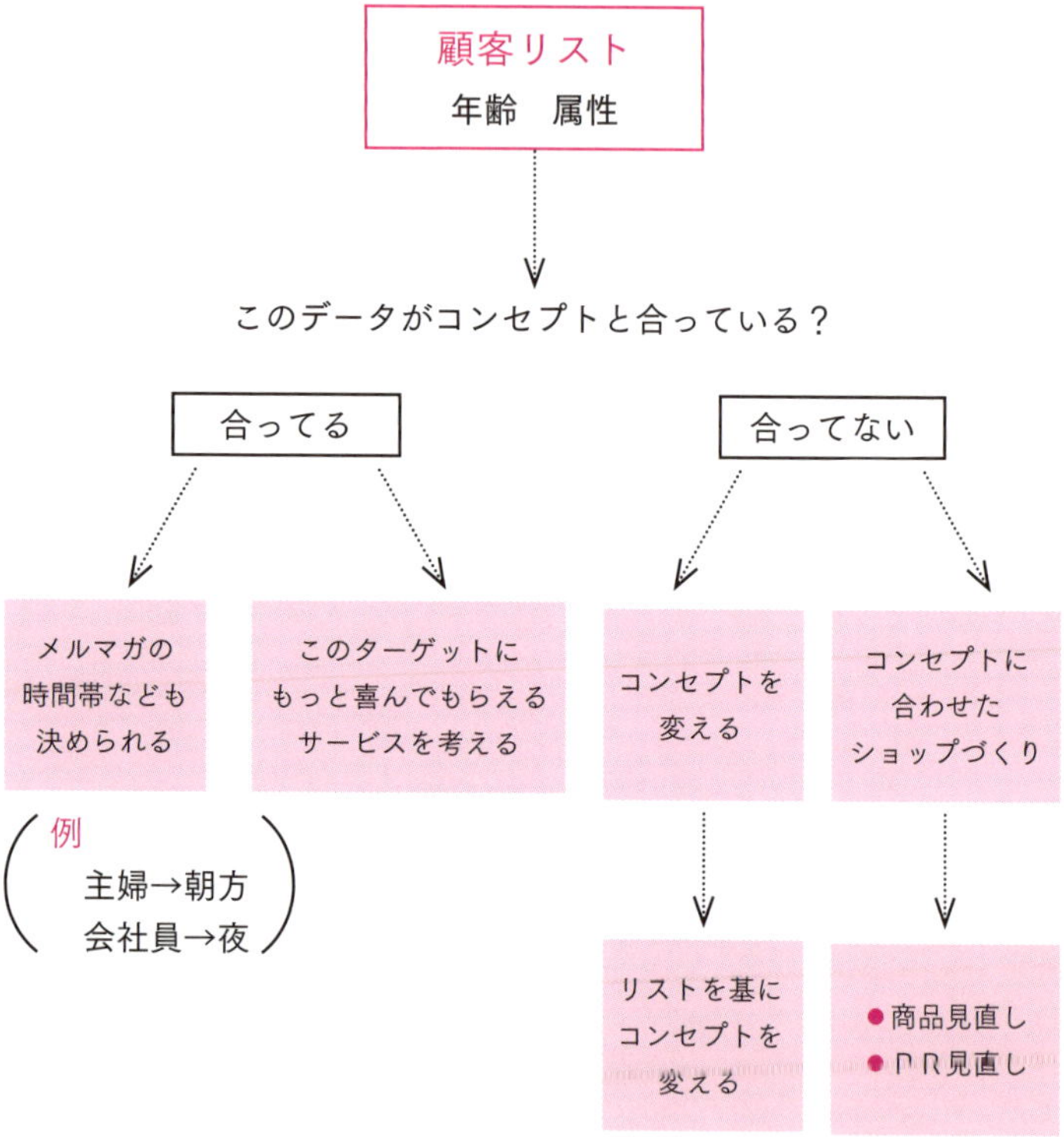

です。

そのリストが集まってくればデータ化し、「年齢層」「居住地」「性別」など、から様々な分析ができます。

では、そのショップの財産となる顧客リストをどう集めるのか？

もちろん購入していただき、そこでメルマガ登録していただくのがいちばんポピュラーな方法ですが、もっと積極的に集めていく方法があります。たとえば、

・メルマガ会員登録ですぐに使える５００円クーポンGet!
・メルマガ会員セール
・メルマガ会員クーポン
・お誕生月クーポン

などがあります。「会員になったほうがお得！」と思うイベントを作るのです。中でもおすすめなのが「メルマガ会員登録で、すぐに使える５００円クーポンGet!」。

これは、登録していただくとその日のお買い物が５００円OFFになるクーポンです。

メルマガ登録を促す

お得ポイント

やはり「すぐに使える」ということが魅力的なのでしょうか。「500円OFFなら買いたい！」と少し迷っていた方も買ってくれるかもしれませんし、こちらとしても会員になってもらえるというまさにwin-winなのです。

インターネットやリアル店舗、雑誌などを注意してみても様々な「メルマガ会員特典」があります。「あ！　これうちのお店でも使えるかも♪」というのを探してみるのもいいでしょう。

またショップに来ていただいた方が一番見やすいところにメルマガ会員登録のバナーを設置するのもおすすめの方法です。

そのときにはバナーに「会員になったらどんなお得なことがあるのか」も記載し登録したくなるような仕掛けをしましょう♪

Design&SNS Technique

ブログは日記ではなく、「知りたい情報」を入れる♡

★

The **Fifth** Period

今、最も注目されているSNSは、やはりインスタグラムでしょう。気軽に写真を投稿でき、お洒落度を発信するには、最も影響力があるツールです。

しかしながら、インスタグラムだけで収入を得るのはなかなか大変です。その理由は、インスタグラムでは長い文章を書いても、人はあまり読んでくれないから。写真だけではなく、商品やサービスの魅力を解説した本文も購買の決め手となりますが、インスタグラムはそれが不得意なツールなのです。

さらに、特定の商品や1記事で2商品など直接リンクができないという懸念点もあります。

セミナーで私は必ず「インスタグラムだけでなく、ブログにも取り組んでください」とアドバイスします。**自分の思いをきちんとした文章で伝えることができる**からです。

私が始めた当時は、「アメブロ」を活用しましたが、アメブロやライブドアブログは無料、しかし手軽に始められる反面、利用規約の問題で商用には不向きというデメリットがあります。今はビジネスの主流としては、「ワードプレス」や「FC2」になっているようですが、フォーマットづくりに少し時間を割く必要はあるでしょう。

まずは、自分の好みと予算に合ったものを選べばいいでしょう。

★1日1回は必ず投稿する

ブログであれば「いったい自分がどんな人間なのか？」「いったい何をやりたいのか？」「どんな人にどんなことで役立てるのか？」という想いや考えを文章にし、写真も用いて自分のメッセージを書くことができます。

ブログですからそこにリンクを貼り、自分が主催するイベントの紹介とか、販売している商品のページに、読者を誘うこともできます。

心がけてほしいのは、次のようなことです。

・1日必ず1回は投稿し、「賑わい感」を出す
・待っていてもダメ！　こちらから積極的に「いいね」や、読者登録をする！
・コメントも同様、積極的にするのがいい

・写真を1記事の中に沢山盛り込む

しかし「日記」になってしまっては、それを見て「面白い」「魅力的」と感じてくれる人はほとんどで身内だけです。

では、ユーザーは何を求めているのかというと、「お得な情報、欲しい情報」なのです。

たとえば、Myuの場合だったら、

・コーディネートのポイントを入れる
・セールの情報を盛り込む

など**「お客様が求めている情報」を必ず1記事に入れ込むようにする**のです。

全てが商品の紹介ばかりでは「また宣伝か〜」と思ってしまう人もいます。そこでちょっとしたプライベート記事なども入れます。「ただ日常をあげていく」のでなく「あくまでもショップのオーナーの世界観を伝える」「ライフスタイルごとの提案をする」ようなイメージで更新していくのです。

誰でも気軽に投稿したり観覧したりできる時代。

もちろん、ブログへのアクセス数、登録者数を増やすのは簡単ではないかもしれません。「インスタグラムで興味を持った人にブログを読んでもらう」という流れにしなければならないでしょう。

「インスタグラム」でファンを増やし、その方たち向けに、「ブログにコーディネートの詳細を載せる」「ブログの読者様限定でセールを開催する」など「ブログを見たくなる仕掛け」を作りながら、ＳＮＳを活かすことが大切になってくるでしょう。

Design&SNS Technique

「憧れの人物」になりきって文章を書く♡

★

The **Fifth** Period

いざブログを書くとなると、どう書いたらいいかわからなくなる人も多いかもしれません。

ブログとは、あなたが想定したキャラクターが伝えるメッセージだということを覚えておきましょう。

特にＳＮＳを見る方の多くは、情報を求めてやってきています。

そこに自分が憧れる人物像と合致するキャラクターが提供する情報があれば、内容を読んでもらえます。

「いつまでも可愛くおしゃれなママでいたいな」と思うママさんが、私の情報を見ると「これ、いいな！」と感じて、記事を読んでくださる……。そんな具合ですね。

逆に言うと、「昨日、彼氏とデートしました」とか、「今日は飲み会でした」という情報は、お友だちならともかく、一般の方には関係のない話題となります。

ほとんど興味を持たれないし、仕事に結びつくこともありません。世の中にあふれているＳＮＳの投稿は、ほとんどそうしたプライベートの情報になっています。よほどの著名人でなければ、私生活公開のブログは読まれません。

もしプライベートなことを投稿するのであれば、「子どもの運動会に参加して、こんなことがあった」……というのも、子育てなどに興味を持った人を巻き込んでいるキャラクターだからこそ、価値のある情報になります。

いずれにしろ、読者にとって役立つ情報が提供されていなければならないということです。

★お客様がほしい情報を1記事に1つ入れる

セルフプロデュースをするなら、世の中にあふれている記事とは一線を画し、設定した人物像の視点で、情報提供してください。

そこで**「ユーザーが欲しい情報を必ず1記事に1つ入れる」**を意識してみてください。

「私の毎日」を発信するのではなく、「ペルソナの毎日を覗けちゃう」、そんなイメージでペルソナの毎日を写真と文章で発信し伝えていくのです。

今日1日を通してあなたは何をしましたか？

その中で「ペルソナとして発信できそうな内容」を考えて、そこにターゲットが欲しい情報を盛り込みアップしてみてください。

1日中、頭のどこかで「ペルソナ的視線」を意識すること。なんてことない1日でもどこかにヒントが隠れています。

これは、1日1回「更新」できるようになる技にもつながります。

SNSは個人が自己発信する「メディア」です。

そうなるとやはり大事なのが「毎日更新」するということ。

さらに決まった曜日や時間に投稿すると、さらに効果的です。

今でこそ私はマイペースに自身のブログやインスタグラムを更新していますが、それでもやはりショップのインスタグラムは、担当のスタッフを付け毎日更新してもらっています。

というのも、毎日更新することで、それを見る側が習慣化するからです。

しかし「なかなか毎日は難しいな〜」と思ってしまう方がほとんどなはずです。

私も自分1人で集客していたころは、よくそう思っていたので、とてもよくわかります。

たとえば、こんな方法でネタを見つけていったらどうでしょうか？

道端にお花が咲いていたとします。

ネイルサロンオーナーだったら、「今日こんなお花を見つけました！」「このお花の形がとっても可愛いくって思わず写メを撮っちゃいました♡」というブログ記事と同時に、「お花をモチーフにネイルデザインを考えてみました♪（お花デザインのネイル画像）」というお知らせを入れてみるのは、どうでしょうか。

こんな感じで、「ただ道端を歩いているだけ」でも、ペルソナ的視線で見ればブログのネタはあふれているものです。

そのアンテナを日々、鍛えていきましょう。

「できるかな〜」「面倒だな〜」と思いがちですが、習慣になると「ペルソナの視線」が当たり前の思考回路となります。そもそも「憧れの人物」の日常なわけですから、面倒どころかうきうきしてきます。

「今日はお天気が良いから、あのお洒落スポットに行ってみようかな♪」

「時間が少し空いたから、最近できたあのカフェに行ってみよう♪」

こんなふうに「ペルソナの行動」をわくわくしながら実践するのもアリですよね♡

「お、この出来事、ペルソナだったらどう感じるかな？　どう写真を撮るかな？」

「この場所に着てペルソナが発信したいことは何だろう？」を常に頭の中に入れておくのです。


２１３ページの写真は、私のブログの一部です。

ここでおさらいですが、私が設定したペルソナは「小さい子どもを育て、夫からも愛されていて幸せ一杯の、背が小さいけれど可愛いお洋服をステキに着こなす、20代後半の女性」です。

そこで、子どもの寝姿や参観会などのペルソナに合った記事を意識してアップしています。

ペルソナのキャラが確立するまでは「この人いいな」って思う人物をチェックし参考にしてみるのもいいでしょう。

ただし、それをそのまま真似してしまうとそれは「オリジナルではなく真似事」になってしまうので「これをどう私のペルソナらしく表現できるかな？」と考えアレンジすることがポイントです。

さてさて。

そんなこんなで昨日の夜。

寝相。

↑育児中というペルソナを意識して子どもの写真をアップする

昨日、参観会。

そんな

昨日のコーデ♡

↑「お洋服をステキに着こなす」というペルソナを意識して、コーディネートをアップする

Design&SNS Technique

自分のプロフィールは わかりやすく 3行でまとめる♡

★

The **Fifth** Period

ＳＮＳでは、写真や文章といろんな情報を入れ込みますが、やはり大事なのは「プロフィール」です。

会社や自分の歴史、会社に対する想いを、プロフィール欄に入れ込んでも、「なんだか、これって自慢？」と思われてしまったり、長い文章で想いを伝えても「なんか、暑苦しいな」と思われてしまいます。そこで私なりのプロフィールの作り方をお伝えします。

プロフィール作りでのポイントは、

①長すぎないプロフィールにする

②ショップのＵＲＬをしっかり載せる

です。

②は言うまでもありませんが、①長すぎないプロフィールとは、どの程度かお教えします。

今はスマートフォンが主流です。そのため適切なプロフィールの長さは、全体でスマホ2〜3行、長くても4行くらいでいいでしょう。

２１７ページの図の上の様にプロフィールが長いと大変読みにくくなってしまいま

す。SNSの主役はプロフィールではなく投稿の写真や内容です。経歴やショップに対する想いなどは、プロフィール欄よりも投稿の内容の中にちりばめるのが私なりの方法です。

もしSNSの投稿で興味を持てば、「仕事で手を組みたい」とか、『講演をお願いしたい』といった依頼が来る可能性もあるわけです。当然、これらは「やりたい仕事」を飛躍させるためのチャンスになります。

SNSで、イマイチどんな人だかわからないと「これじゃあ、仕事を頼んでも仕方ないな」ということになりますから最低限、**自分がどんな人かが初対面の人にわかるようにしてください。**

また、自分の特徴やアピール材料、人一倍こだわっていること、競合する大勢の人たちと違うところ……などを、わかりやすく表示しておくことが大切だと思います。

ポイントは、左図の下の様にコンセプトを載せること。これなら、ぱっと見で分かりやすく簡潔に表現できます。

「読まれるプロフィールの書き方」

長くて読みづらい

×

6 投稿　6 フォロワー　6 フォロー中

フォロー

アカウント名
私は○○会社の社長をしています。経歴は××で、あんなすごいことも、こんなすごいことも……。そんな私のショップコンセプトは△△で□□を売っています。
URL ＊＊＊＊＊＊＊＊＊＊＊＊＊＊＊＊＊

全体的にさっぱりして見やすい

○

6 投稿　6 フォロワー　6 フォロー中

フォロー

アカウント名
私は○○のオーナーです。
「コンセプト」な「売っている物」

ショップの URL はこちら
URL ＊＊＊＊＊＊＊＊＊＊＊＊＊＊＊＊＊＊

★プロフィール欄はショップコンセプトを入れた簡潔なものを♪
★それよりも投稿の「中身」で勝負！　そこで世界観や想いをきちんと伝えよう♪

Design&SNS Technique

「見て欲しい！」と思ったら、まず自分から♡

★

The **Fifth** Period

「よーし！今日からがんばるぞ！」と気合を入れて投稿しても、なかなか思うように見てもらえない、フォロワーも増えない、となると「やっぱりだめなのかな〜」「もう、やーめた！」となってしまいがち。

それで挫折してしまった人をたくさん見てきました。

しかし最初は、それが当たり前です。

あなたの近所で何の広告もなく「今日からお店を始めました」と言っても誰も来ないのと同じ。ビラ配りをしないとお客様は来てくれないのです。

そう、最初のうちは自分から「いいね」や「読者登録」、「コメント」をしてみることから始めましょう。

特に、「あなたのお客様に関連する人」「あなたの世界観に共感してくれそうな人（もしくはあなたが共感した人）」に絞ってみてください。

私の場合、最初は自分のイメージやブランディングに近い人を見つけては、フォローをしていました。ブロガーとして有名な方もいれば、まったくの無名の方もいます。こちらがフォローをすれば、相手もフォローしてくれることはあります。

ただ、そうでない場合もあります。

大勢の方の写真を観察できるようになったら、積極的に「いいね」を押したり、ときには「かわいいですね！」と、コメントをするようにしていました。たくさんのフォロワーを持っている方には、大勢のコメントの中の１人で、コメントを返してくれないこともあります。

でも、なかにはこちらのコメントに感謝していただき、フォローしてもらうだけでなく、私の投稿を紹介してもらうこともあります。

チャンスは、あなた次第です。

ＳＮＳ上ではアクティブに動き、ぜひチャンスをつかんでください。

Design&SNS Technique

「それ、買いたい！」と思われるＳＮＳ活用術♡

★

The **Fifth** Period

どれだけSNSでフォロワーが増えても、お店の売上にならないとビジネスとしては意味がありません。

「売上につなげる」対策として、この2つのポイントをしっかり押さえましょう。

①自社の商品で埋め尽くされていませんか？
②SNS独自のキャンペーンを仕掛けていますか？

1つずつ説明しましょう。

①自社の商品で埋め尽くされていませんか？

規模がかなり大きくなり認知度・知名度ともに上がればそれでいいと思うのですが、今提案しているのはライフスタイルごとの発信。

だからと言って、SNSに投稿するとき「アイテム全部、自社品！」というのは、なるべく避けたほうが良いでしょう。

なぜなら、ステマ感が強くなるからです。

そのためには、他社のアイテムも入れるようにしましょう。

特に、「有名ブランド」「今旬のブランド」をコーディネートに入れると、よりリアリティのある世界観を演出することができます。

ファッション以外のビジネスでも、このように応用できます。

「ヨガインストラクター」だったら、毎回ヨガのシーンをアップするばかりではなく、有名ヨガウエアの投稿や身体づくりに愛用している話題のアイテムと一緒に投稿してみる。

また「ネイルサロン」だったら、話題のプチプラハンドケア用品を載せてみたり、お洋服とのコーディネート提案をしてみるのもいいでしょう。

ただし、必ず「タグ付け」することを忘れずに♪　それぞれのＳＮＳでタグ付けすることで、そこからの閲覧流入もあるという、うれしいおまけ付きです。

②ＳＮＳ独自のキャンペーンを仕掛けていますか？

各ＳＮＳの「読者やフォロワー限定」でキャンペーン、イベント、クーポンを企画して「読者になるとお得な仕掛け」をし、販売につなげてみましょう。

次のページでインスタグラムを使った具体的な仕掛けをご紹介します♪

Design&SNS Technique

インスタグラムは参加型でファンを増やす♡

★

The **Fifth** Period

インスタグラムは、気軽にユーザーとコミュニケーションが取りやすい便利ツールだということを知っておきましょう。

そこでお客様を巻き込む参加型のイベントを企画することで効果的にフォロワーを増やすことができるようになります。

★参加型①　インスタプレゼント企画

たとえば、抽選で商品がもらえるというキャンペーンを企画します。フォロワー数がまだ少ないショップさんでもフォロワー獲得の絶好の機会になるだけでなく、タグ付け&指定ハッシュタグにより、より多くの方に知っていただけるチャンスとなります。

ショップアカウントをフォローしてもらい、タグ付け&指定ハッシュタグ（#Myプレゼント企画など）を付けてもらいましょう。

★参加型② お客様紹介企画

たとえば、ヨガのインストラクターの方なら、ヨガ体験をしてくれた方にその感想を書いてもらう企画を実施して、その感想をインスタグラムでタグ付けして載せてもらうというのはどうでしょうか。

ユーザーさんにとって、「参加できることや商品をもらえること」が魅力となる企

インスタプレゼント企画の例

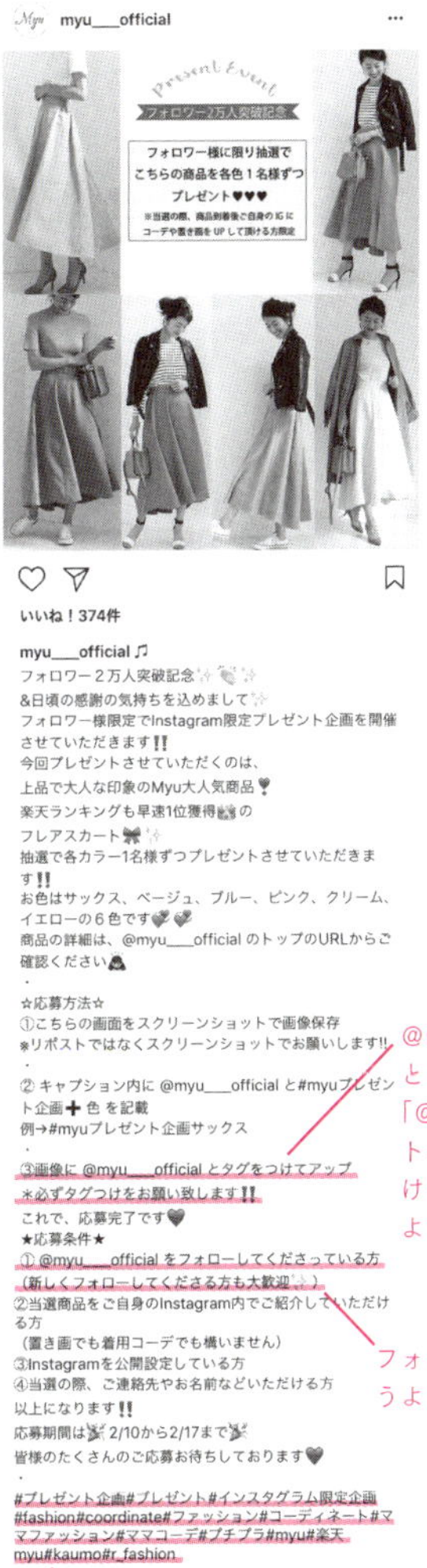

@myu__official というように「@+アカウント名」でタグ付けをしてもらうようにする

フォローしてもらうように促す

＃fashionのような指定ハッシュタグを入れる

画になります。

このように一方通行でなく、ユーザーさんも巻き込んでの企画を提案して発信することで「賑わい感」が出てきます。

自分1人の力には限界がありますが、たくさんの人を巻き込んで一緒に盛り上げていってもらえばいいのです。

お客様紹介企画の例

↑Myuで購入しコーディネートをアップしてくださったお客様のインスタグラムをMyu公式アカウントでこのようにご紹介します

Design&SNS Technique

インフルエンサーとの出会いと付き合い方を学ぶ♡

★

The **Fifth** Period

ＳＮＳでたくさんのフォロワーを持ち、多くの人に販売や行動を促す影響力ある人を「インフルエンサー」と呼びます。そんなインフルエンサーとつながることで、あなたの投稿は多くの人に知られるようになります。

最初はフォロワーが少なくても、大丈夫です。

まずは自分のほうからアクションを起こし、インフルエンサーに気をとめてもらうよう取り組みをしていきましょう。たとえば、こんな方法はどうでしょうか。

★インフルエンサーに商品提供

毎日ＳＮＳを更新していると、ひょんなことでフォロワーが多い方から「コメント」があったり、「いいね！」があったりするものです。そのチャンスを逃さず、コメントやメッセージを返してみましょう。

「そんなチャンスに巡り合えない」という方は、ぜひ積極的に自分から動いてみてください。初めから何万人フォロワーさんがいるインフルエンサーの人にアプローチするのではなく、最初は数千人、数百人とかの方からお声がけするのがいいでしょう。

私の知人で、お洒落なショップを運営している方がいらっしゃいます。まだ始めたばかりで、なかなかお客様も多くないとのことで相談を受けました。ただ販売サイトを見る限り、とてもお洒落で世界観もしっかりと統一されて、魅力的なお店だなと思いました。

そこで私がお付き合いしているインフルエンサーにお声がけして商品を提供して、それを紹介してもらうようにしました。その後、ぐんぐんと売上が伸びて最初は１００万円も満たなかった月商が３００万円を超えました。

売上が上がると同時に、人気のインフルエンサーに紹介してもらえたことでフォロワーも増え、注目度も上がり、今では新規のお客様がかなり増えているようです。

ここで大事なのが、やみくもに人気のインフルエンサーに声をかけるのではなく「世界観・価値観のイメージが合う人」にお願いすることです。そして、まずは「自分が相手にできることは何か？」と考えることが、回りまわって自分のファンを作るための近道だということです。そうしながら、win-winの関係を作るのです。

あなたが「この人に紹介してもらったら、うれしいな」という方を、積極的に自分のほうから応援していけばいいのです。そしてお願いするインフルエンサーはタグ付け・指定ハッシュタグを使ってもらうといいでしょう。

さらにインフルエンサーは、たいていネットだけで活動するのではなく、自分で交流会を開催していたり、勉強会のような場を主催していることがあります。そこに誘われたり、イベントの告知を見かけたら、積極的にそういう場にも足を運んでいきましょう。

ネットだけのつながりより、当然、実際に会ってお話をしたほうが、人間関係は強まります。SNSのユーザーは見過ごしがちですが、リアルな場で相手と交流することこそ、win-winの関係になるためには、とても大切なことです。

そのためには時間も、またある程度のお金も喜んで投資していいくらいだと思っています。

SNSでは、たくさんのフォロワーを持ち、「いいね」の数もたくさんもらっていても、実際はあまりインフルエンサーのような力を発揮していない方も大勢いるのですが、あまりそんなことは気にしない。

ただし、「私のSNS投稿を見てください」とか、「こんなことをやっています！フォローしてください！」とインフルエンサーに依頼したところで、忙しい相手には押しつけがましいことにしかなりませんのでご注意を。

実は、こういうアプローチはよく見かけるので、その都度、「なんて、もったいないな」と思ってしまいます。

巻末資料

“もっと稼げる私”になる♥
売上アップ戦略

最初は月商10万円を目指そう

まず大事なのがシンプルに「楽しむこと」。
「自分の伝えたい世界観」をきちんと伝えることです。
以下の6つをチェックしてみてください。

1. SNSを開設しましたか？ ☑
2. SNSは、1日1回の更新を？ ☑
3. サイトを開設しましたか？ ☑
4. イベントに参加して仲間を増やす ☑
5. 売れやすい商品を見つけてみよう ☑
6. 売れやすいキャッチコピーを見つけよう ☑

1 開業1年前から情報発信する

開業（開店）前からSNSを開設し、約1年前から起業に至る姿を発信していきましょう。コンセプト、ペルソナを大切にしながら情報発信をしてください。

2 SNSは、1日に1回以上を目安に更新

インスタグラムなら1日少なくても2回。ブログは3回くらいがベストです。コンセプトを考慮した写真や文章を心がけること。

3 公式サイト（ショッピングサイト）を作る

スマートフォンで制作できる簡単なサイト（無料ネットショップ）があります。インターネットで検索して、目的に最適なサービスを探しましょう。

写真がとても大事。よくある残念な写真は、「明るさ」が不足した写真。おすすめはフォトショップ。月額2000円程度で申し込めます。

写真の明度調節やトリミング（枠組決め）などが簡単にできます。

4 仲間づくりのためにイベント参加を！

イベント参加とは、「目的を同じくする人たち」と出会える場所に行くこと。起業セミナー、フリーマーケットなどがいいでしょう。たった1人で立ち上げたサービスやブランドに、ひょんなことから協力者や仲間が加わるチャンスです。まずは、地域で情報発信しているサイトやSNSで見つけましょう。

5 キャッチコピーが大事！

キャッチコピーとは「その商品の売り込みポイントをわかりやすく伝える」ということ。私は起業当時から「キャッチコピー」と「写真」にこだわってきました。

6 1日3000円強売上げれば目標達成！

なるべく、種類をたくさん。そして各商品は少しずつ在庫を積むのが基本。物販なら20商品各3点くらいで始めてみましょう。

もしあなたが、カウンセリングやコンサルティングなどの無形サービスを提供する場合は、「おすすめメニュー」を設けてみましょう。いくつか用意してあげるとお客様も選びやすくなります。販売しながら、「どれが売れやすいか？」を試してみるのです。

特に、「お問い合わせの多い商品・サービス」「すぐに完売になってしまう商品・サービス」がだんだんと見えてくるはず。その商品を徐々に在庫を多く積み増し、さらにお店やショッピングサイトの商品ページをより魅力的なものにするために投資したり、きれいな更新を目指すのです。また同時に、SNSで勢力をあげて宣伝してみましょう。

このペースがつかめてくると、1日1〜3回のSNS更新と絡めていけば、月商10万円はすぐに到達可能ラインとなってきます！

会社員から脱出できる、月商30万円超え

本格的に起業をしようか、それとも副業でいこうかの目安は、この月商30万円。あなたが目標とするべきなのは、「コンスタントに売れる商品・サービスを作る」こと。こちらから攻めていくことを始めるタイミングです。たとえば、仕入れサイトなどを見て「この商品売れそう！」となれば、いつもよりも在庫を多く積んで「攻める」という姿勢が大切です。

以下の2つをチェックしてみてください。

1. 「これだ！」と思う ヒット商品やサービスを作る
2. ＳＮＳを攻略する（インスタプレゼント企画やフォロワーの多いインフルエンサーに商品提供する）

1 発売前からＳＮＳで告知し「賑わい感」を演出→ＳＮＳなどで魅力を伝える

こんなキャンペーンなどを仕掛けてみてはいかがでしょうか？

★「販売はいつですか？」のお問い合わせが来たら、ＳＮＳで告知する（これも賑わい感の演出）

★送料無料キャンペーンをする

★〇日まで〇％ＯＦＦイベントをする

★対象アイテム購入でノベルティをプレゼント

これらを実行することで、「賑わっている感」が出てきます。「人気があるところ」を追いかけたいという人の心理をうまく利用するのです。ライバル店がどう「賑わい感」を生み出しているのかチェックしてみると、新しいアイデアにつながります。

2 ＳＮＳ攻略も手段の1つ

「ＳＮＳは最も費用対効果の良い広告」。利用しない手はありません。

＼1日ごとの日割り予算を組んでみよう！／

（単位：万円）

	予算	売上	予算合計	売上合計	イベント・やったこと
1日	5	6			
2日	5	7			
3日	5	10			
4日	5	3			
5日	5	2			
6日	10	14			
7日	10	17			
8日	5	3			
9日	5	2			
10日	5	8			

月商30万円の壁を乗り越えている方に共通して見える成功原因のもう1つが、「日割り予算を付けているか？」ということ。「そんなに売れるはずがない」と思ってしまうかもしれませんが、月30日計算で1日「1万円」。そう考えると、意外と毎日取り組むべき目標が見えてきます。

私の場合、アパレル販売員の時代に毎日つけていた予算表を参考に、自分で表を作り「1日いくら売れればいいのか？」など管理していました。もちろん手書きでもOK。「毎日続けられる」ことを重視しましょう。

これにより、月という大きい単位ではなく「日ごと」の目標が立てられます。

「この数字ならいけそう！」という自信がつくとともに、1日1日を無駄にすることなく業務に取り組めます。

また、予算に対して「いくらマイナスか」「いくら貯金があるか」もわかりやすいので「よし！今週は気合入れていこう！」とか、「だいぶ貯金ができているから、今日は遊びにいっちゃう！」という計画も立てやすいのです。

やりがいを味わえる 月商100万円超え

月商30万円までのやるべきことは、継続するとして、
次のことをやってみましょう。

以下の2つをチェックしてみてください。

1. インフルエンサーを仲間に入れて一緒に盛り上げよう ☑
2. 意外と簡単で低資金でできちゃう♪オリジナル商品を作ってみよう ☑

1 インフルエンサー10人に定期的にお声がけして商品（サービス）のモニターをしてくれる人を作る

まずは、インフルエンサーさんにあなたの商品やサービスについてヒアリングをしてみましょう。それを持って、評判が良かった商品を多めに在庫で積むのです。インフルエンサーさんの力を借りてPRしてもらうのです。これはサービスを売るビジネスでも同様。インフルエンサーさんにモニターしていただいて、その感想を載せます。

たとえばインフルエンサーさんからのリクエストの多いメニューなどはHPに専用の特集ページなどを作ったり「同じようなメニューでもっと良いメニューを作れないかな？」と考えてもいいでしょう。

2 「オリジナル商品」は意外と簡単に作れる！

オリジナル商品は「あなたのビジネスにおける強み」。なぜならオリジナル＝あなたのお店

にしかない＝ライバルがいない、ということ。

今までビジネスを展開してきた中でいちばんの「ヒット商品」は何ですか？

それに「あなたの伝えたい世界感」をプラスして販売。これで良いのです！

たとえば、私のコンサルの生徒さんの会社のいちばんのヒット商品は「スエット素材のプルオーバー」です。そのアイテムに「もうちょっとここをこうしたほうがお洒落だと思う」彼女のアレンジを加え、オリジナル商品として販売することにしました。「売れた実績のあるものに自分流を加える」方法なら、ヒットが見込めますね。

中国やバングラディッシュで生産となるとロットを各色100〜200とかが必要です。でも、韓国なら各10枚ほどから生産してくれるところもあります。@2000円だとしても10枚×2色で4万円から生産できます。

小ロットで作れるのはわかったけれど、そんなコネもないし……。と、ここであきらめないでくださいね。これまでお付き合いした中で韓国から卸している卸問屋さんはいませんか？もしいなければ、WEBで検索してみてください。いろんな業者さんを見つけられますよ。

また、SNSでも検索してみましょう。意外と多いのが、韓国業者さんがSNSをやっているということです。いろんな方法で出会うことができますよ。

最後に、「これから何がヒットするか（しそうか）」を考えましょう。オリジナル商品やサービスの売り出しが定着していけば、あなたやあなたのブランドは、もっと認知度が上がり「人気ブランド」への第一歩となることでしょう。

月商200万～300万円を目指す

もしこのレベルを目指すとなると、
今までのビジネスのやり方を変える必要があります。

以下の５つをチェックしてみてください。

1. イベントを主催してみよう
2. モールへの出店を検討してみよう
3. 一緒に働いてくれる仲間を探そう
4. 自分以外のイメージモデルを探そう
5. インフルエンサーとコラボ商品を作る

1 イベントを主催してみよう！

この段階になると、それなりのファンが付いているはず。イベントを主催し、そのファンの方々との交流の場を設けてみましょう。場所はインターネットなどで探せば見つかります。一人で集客できるか不安、という方は他店舗やインフルエンサーに声をかけてみるのもありです。

2 モールへの出店基準は、月商３００万円から！

私が楽天に出店したのもこの時期です。逆に月商３００万円以下で出店すると数多くあるショップの中で埋もれてしまうかもしれませんが、３００万円規模なら、そのお客様を巻き込んで出店セールなどをするといいスタートを切れるでしょう。そして売上ランキングに載り、また売れる、というサイクルができるようになります。「埋もれず」「仕掛けを作り」そのモールの顧客さんをファンにするのです。モールの社員さんはプロ。いろいろな知識が得られたりするのも魅力です。うまくお付き合いできれば、ファッション誌とコラボや特別イベント参加などができるようになります。

3 一緒に働いてくれる仲間を探そう

売り上げも上がり「忙しい」となるのがこの時期。スタッフがいると助かります。スタッフの雇用を検討しましょう。

4 自分以外のイメージモデルを探そう（自分をフェードアウトしていくように！）

そろそろビジネスの認知度も上がってきているはず。ここで、個人のSNSとショップのSNSを分けてもいいかもしれません。モデルも募集してみてはいかがでしょうか。

5 インフルエンサーとコラボ商品を作ってみよう

インフルエンサーさんは、すでに多くのファンを持っています。その人たちのお力も借りることで、さらなる認知度を上げていくことができます。

⚠ 価格競争には参加してはダメ

楽天などのモールに出店すると、つい競合が気になって価格競争に参入しがちです。私もそうでした。でも、それは危険です。オリジナル商品を強化し、自分らしさを前面に出す商品の展開をしましょう。

価格を下げ販売数や売り上げを伸ばすのは、とても簡単な方法かもしれません。

しかし、それでは息切れしてしまいますし、大企業には太刀打ちできません。

「商品」に「付加価値」をプラスして、あなただけのサービスを展開していく、ということがとても大切なことなのです。

起業するなら目指したい！月商500万〜1000万円超え

月商５００万円を超えるビジネスにするには、
トレンドに乗ることや流れに任せて売るのでなく企画力が勝負。
売れる仕掛けをどう作っていくかが肝心。

以下の３つをチェックしてみてください。

1. 仕掛けをつくって「ヒット商品」を意図的に作る ☐
2. 「ちょっと先取り」で本格的時期が来る前に商品を育てておく ☐
3. インフルエンサーさんを意識した商品を企画してみる ☐

1 仕掛けを作って「ヒット商品」を意図的に作る

ここまで来るとうちのお店は何が売れやすいかが分かってきます。その特性を生かした商品作りをしましょう。たとえば、こんなことに取り組んでみます。

★発売前から賑わい感を出す
★モールの担当と作戦を立て広告を打つ
★モールのセールに合わせて発売する
★同時にインフルエンサーさんに宣伝してもらう

様々な仕掛けを発売と同時にすることにより「ヒット商品」となります。一度ヒットすると話題が話題を呼び、またモールのランキングに常に載るようになります。私はこれを「商品が独り立ちをした」「商品が育った」と表現しています。商品が独り立ちすると、何もプロモーションをしなくても、そのシーズンずっと売れてゆきます。独り立ちした商品は大体3年間く